DIE REGEL DES HL. BENEDIKT

DIE REGEL
DES HL. BENEDIKT

Eingeleitet und übersetzt von

P. Basilius Steidle OSB

BEURONER KUNSTVERLAG

13. Auflage

Umschlag-Entwurf: Willy Kretzer, Freiburg i. Br.
Herstellung: Beuroner Kunstverlag, D-7792 Beuron.
ISBN 3 87071 030 6

EINFÜHRUNG

Papst Gregor der Große schrieb zwischen Juni 593 und Oktober 594 die berühmten vier Bücher der »Dialoge«, in denen er die Wunder und Tugenden italischer Heiliger erzählt. Das ganze zweite Buch widmete er den Wundern und – fast nur nebenbei – dem äußeren Leben des Gottesmannes Benedikt († um 547). Der Papst wollte keine Biographie Benedikts schreiben, noch weniger ein Charakterbild zeichnen, sondern nach antik-christlichem Brauch »zum Lobpreis des Erlösers einige von den Wundern des ehrwürdigen Mannes Benedikt erzählen« (Dial. 1,12); »denn der ehrwürdige Vater bezeugte durch Wunder die Macht des allmächtigen Gottes« (Dial. 2,29).

Dieses zweite Buch ist die älteste und einzige Quelle für unser Wissen um das äußere Leben des Mönchsvaters und der erste Zeuge für dessen Regel. Der Papst weist dem hl. Benedikt unter den Heiligen und Wundertätern »seines Italiens« eine Sonderstellung zu.

Benedikt, Sohn freier Eltern, stammte aus der Gegend von Nursia (Norcia) im umbrischen Apennin. Nach kurzem Studienaufenthalt in Rom zog er sich, vom sittenlosen Treiben der Weltstadt angewidert, beseelt vom Verlangen, »Gott allein zu gefallen«, zunächst in die Einsamkeit der Sabinerberge von Enfide

(Affile), dann ins enge Tal des Anio (Aniene) bei *Sublacus* (Subiaco), etwa 80 km östlich von Rom, zurück. Nach drei Jahren streng eremitischen Lebens scharten sich um den jungen Asketen Schüler. Er wurde Lehrer und Vater einer Mönchskolonie von zwölf Klöstern. Aus der Erzählung des Papstes wird der tiefste Grund, warum Benedikt das Aniotal verließ und nach *Montecassino,* etwa 140 km südlich von Rom, übersiedelte, nicht klar sichtbar.

Die herkömmlichen Daten im Leben des Gottesmannes, Geburt um 480, Aufenthalt in Rom um 500, Übersiedlung nach Montecassino um 529, Heimgang um 547, sind Mutmaßungen. Wegen des Fehlens zuverlässiger Quellen können wir im Leben Benedikts kein einziges genaues Datum angeben. Weil wir aus sicheren Quellen wissen, daß der Ostgotenkönig *Totila* Rom am 17. Dezember 546 eroberte, dürfte er, wie der Papst erzählt, kurz vor oder nach diesem Datum den Gottesmann auf Montecassino besucht haben. Ebenso wird der Besuch des Bischofs Sabinus von Canusium auf Montecassino bald nach dem 17. Dezember stattgefunden haben. Der Bischof redet mit Benedikt »über den Einzug des Königs Totila in Rom und über den Untergang der Stadt Rom« (Dial. 2,14–15). Der Papst ehrt den Gottesmann, indem er ihn am denkwürdigen antiken Gespräch über das Schicksal der »Ewigen Stadt« teilnehmen läßt.

Die neuere Forschung neigt dazu, das traditionelle Geburtsjahr (480) wenigstens ein Jahrzehnt später anzusetzen, das angebliche Todesjahr (547) wenigstens bis 560 offenzulassen.

Der Papst bemerkt zur Regel Benedikts: »Der Gottesmann Benedikt glänzte neben den vielen Wundern, durch die er in der Welt berühmt wurde, nicht weniger auch durch das Wort seiner Lehre. Er schrieb nämlich für Mönche eine Regel, die sich durch weise Mäßigung und verständliche Darstellung auszeichnet. Wer seine Tugend und sein Leben kennenlernen will, kann in der Unterweisung der Regel alles finden, was er als Lehrer selbst übte; denn der heilige Mann konnte unmöglich anders lehren, als er lebte« (Dial. 2,36).

Dieses hohe römisch-päpstliche Lob trug neben den inneren Vorzügen wesentlich dazu bei, daß die Regel Benedikts bei den aufstrebenden Völkern der Angelsachsen und Franken bald als »römische Regel« – Benedikt selbst als »römischer Abt« – Eingang fand und noch im Mittelalter bei Synoden und Reichstagen neben der Bibel lag.

Nicht Benedikt, sondern Bischof *Augustin* von Hippo († 430) verfaßte die erste abendländische Mönchsregel. Doch wurde Benedikt der geniale Schöpfer des »Säkularwerks«, wie A. Zumkeller, Sohn St. Augustins, die Regel Benedikts von Nursia nennt.

In der Regel Benedikts ist die Weisheit der Bibel und die reiche, von der Bibel befruchtete persönliche Erfahrung des Mönchsvaters zu unlösbarer Einheit zusammengefügt. Nach der Auffassung des frühen Mönchtums beabsichtigt der Verfasser einer Regel grundsätzlich nichts anderes, als den Willen Gottes, der in der Heiligen Schrift niedergelegt ist, den Schülern konkret greifbar und sichtbar zu machen. Der

Umstand, daß die Bibel heute dem einzelnen Mönch ungleich zugänglicher ist als früher, bewirkt (neben anderen Gründen), daß die Regel in ihrer konkreten Bedeutung zurücktritt.
Benedikt verschloß sich nicht der Überlieferung des östlichen Mönchtums, dargestellt durch Abt *Pachomius* († um 347), den Begründer des gemeinsamen klösterlichen Lebens, Bischof *Basilius d. Gr.* († 379) und Abt *Johannes Kassian* († 430/35). Die beiden letzteren nennt und empfiehlt Benedikt ausdrücklich in seiner Regel (vgl. Kap. 73,5; 42,3.5).
Auch vom abendländischen Mönchtum empfing Benedikt reichste Anregung. Wir nennen das berühmte Inselkloster *Lérins* (gegründet um 410 gegenüber Cannes). Die neuere Regelforschung weist vor allem auf zwei Quellen hin, die Benedikt nach antikem Brauch zwar nicht ausdrücklich nennt, aus denen er aber reichlich schöpft. Es handelt sich um die sogenannte *Regel des Magisters,* d. i. die Regel eines unbekannten Abtes, der um 500 – 535 in der Nähe Roms oder in Südgallien lebte, und um den schon erwähnten Bischof *Augustin* († 430).
Aus der »Regel des Magisters« entnimmt Benedikt mehr oder weniger wörtlich den größten Teil des Vorwortes (4–45.50) und der Kapitel 1–2, 4–7. Dem »Magister« folgend, der seinerseits von Abt Johannes Kassian abhängt, stellt Benedikt die klösterliche Gemeinschaft als »*Schule* für den Dienst des Herrn« (RB, Vw 45) dar. Hier hat der demütige Gehorsam gegen Abt und Regel (vgl. Kap. 5–7) entscheidende Bedeutung. Benedikt weist seinen Mönch auf das

Beispiel des Herrn hin, der seinem Vater »gehorsam bis zum Tod« war (Phil 2,8; Joh 6,38; vgl. RB 5; 7,31.34).
Es ist bemerkenswert, daß der »Magister« die klösterliche Gemeinschaft nur als »Schule« auffaßt, während schon Abt Pachomius, Bischof Basilius d. Gr., Abt Johannes Kassian und vor allem Bischof Augustin in der *apostolischen Kirche,* wie sie Lukas in Apg 2,43–47; 4,32–35 beschreibt, ein lebendiges Vorbild der klösterlichen Gemeinschaft sehen. Augustin beginnt seine Regel: »Das ist es, was wir euch im Kloster gebieten. Das erste Ziel eures gemeinsamen Lebens ist, in Eintracht zusammenzuwohnen und ‚ein Herz und eine Seele' (Apg 4,32) für Gott zu haben.« Benedikt weist ausdrücklich auf Apg 4,32.35 hin (RB 33,6; 34,1). Im Kapitel 72 beschreibt er seine klösterliche Gemeinschaft: »Der gute Eifer, den die Mönche haben sollen.« Der »Gehorsam«, der in der »Schule« des Klosters geübt wird, ist nun als »Liebes-Dienst« aufgefaßt: »Die Brüder sollen einander in Liebe dienen« (RB 35,6). »Sie sollen einander selbstlos die brüderliche Liebe erweisen... Ihrem Abt seien sie in aufrichtiger und demütiger Liebe zugetan. Sie sollen nichts höher stellen als Christus« (RB 72). Wenn in der Regel Benedikts immer wieder das Motiv der brüderlichen Liebe hervorgehoben wird, wenn im Abtsbild Benedikts (RB 64) so gütige und menschenfreundliche Züge aufleuchten, so ist hier der besondere Einfluß Augustins erkennbar.
Die Regel Benedikts ist im Verlauf der Jahrhunderte für zahllose Christen sicherer Weg zur Vollkommen-

heit und zum Heil geworden. Sie will das auch heute noch für jeden sein, der sich ihr willig öffnet. Durch diese Regel ist der Gottesmann Benedikt zu einem hervorragenden Erzieher und Lehrer des christlichen Abendlandes, besonders der jungen germanischen und slawischen Völker, geworden. Die Regel formte die Sendboten, die weite Teile Europas zu Christus führten. Inmitten des allgemeinen Zerfalls waren die Klöster, zuerst die des irischen Abtes *Kolumban* († 615), dann die *St. Benedikts,* die Stätten, die den christlichen Glauben, die christliche Gesittung und die Güter der antik-christlichen Kultur in ihren Mauern bargen und den jungen Völkern Europas mitteilten.

Manche Bestimmung der Regel erscheint heute als »zeitbedingt«, »überholt«. Gebetsformen, Bußriten, Tagesordnung, Arbeitsziele, die Art und Weise sich zu kleiden, zu ernähren, zu wohnen usw. sind wandelbar. Doch genügt es nicht, wenn »Änderungen« vollzogen werden, schon Bestehendes nur äußerlich zu modifizieren, sondern es ist ein schöpferischer Akt erforderlich, der Wissen, Erfahrung und Weitblick voraussetzt, aber seinen letzten Grund im Geist der Regel und des abendländischen Mönchtums hat. Die Regel St. Benedikts wird als Ganzes nie »überholt« werden können, nie »veraltet« sein. Die letzten Probleme des Mönchtums sind zu allen Zeiten dieselben: Flucht vor der »Welt« und restlose Hingabe an den Herrn. Weil die Regel am Anfang des abendländischen Mönchtums steht, der allerdings manches nur andeutet, manches unvollkommen, manches gar nicht

ausspricht, was spätere Zeiten als wichtig erkannten, bleibt sie stets richtungweisend.
Es wäre der sichere Untergang des benediktinischen Mönchtums, wenn man Abstriche machte an der biblischen Forderung einer strengeren Christusnachfolge, die sich im Verzicht auf zeitlichen Besitz, das ist in persönlicher Armut, in der Loslösung von der Familie, in der freiwilligen Ehelosigkeit um des Himmelreiches willen (vgl. RB 33,4; 58,25) und in der demütig-gehorsamen Leidens- und Kreuzesbereitschaft, kurz, in der restlosen Hingabe an den Herrn zeigt. Auch für das heutige Mönchtum gilt: Wer sich ins engere Jüngerverhältnis mit Jesus begibt, löst sich notwendig aus den normalen bürgerlichen Verhältnissen.
Die Auffassung Benedikts von der klösterlichen Gemeinschaft ist heute noch gültig. Das gleiche gilt vom Abtsbild der Regel. Der Abt Benedikts, bestimmt vom biblischen Jesusbild und persönlicher Erfahrung, ist zugleich gütiger und strenger als der des Magisters. Die körperliche Züchtigung, heute undenkbar, spielt bei Benedikt eine merklich größere Rolle als beim Magister (RB 2,28; 23,5; 28,1; 42,9; 71,9). Der Magister legt Wert darauf, den Ablauf des klösterlichen Lebens bis ins einzelne zu regeln, während Benedikt grundsätzliche Weisungen gibt, die der persönlichen Initiative des Abtes großen Spielraum lassen. Die Regel Benedikts empfahl sich ungleich mehr als allgemeingültige Regel als die Magisterregel. Die Regel Benedikts, nicht die Magisterregel, ist die Regel des Abendlands geworden.

Zum Unterschied vom Magister setzt Benedikt den mündigen und urteilsfähigen Mönch voraus, den der Abt in allen »wichtigen Angelegenheiten« des Klosters befragen muß (RB 3). Die letzte Entscheidung liegt immer beim Abt. Benedikt kennt die Gesetze der modernen parlamentarischen Demokratie noch nicht. Im Fall eines »unmöglichen Auftrags« kennt die Regel den vertrauensvollen Dialog zwischen Abt und Mönch (RB 68). Zum Unterschied vom Magister wählen die Mönche Benedikts ihren Abt selbst (RB 64).

Die *Übersetzung* folgt den beiden wichtigsten Textzeugen der Regel, dem Codex von Oxford, Bodleian Library, Hatton 48, geschrieben bald nach 700 in England, der ältesten uns bekannten Regelhandschrift, mit kurzem Vorwort (1–39), und dem Codex 914 der Stiftsbibliothek von St. Gallen, geschrieben um 817, seit 841 in St. Gallen, mit langem Vorwort (1–50).

Der *Aufbauplan* zeigt, daß die Regel Benedikts keine bloß zufällig angelegte Sammlung monastischer Vorschriften, sondern ein organisches Ganzes ist, von einem Geist, nämlich von St. Benedikt redigiert und beseelt.

Das ausführliche *Sachverzeichnis* ermöglicht es dem Leser nicht nur, die wichtigeren Themen der Regel, sondern auch deren innere Verflechtung kennenzulernen. So wird das Verzeichnis ganz von selbst zu einem Regel-Kommentar, der zur selbständigen Beschäftigung mit der Regel anleitet.

ÜBERSETZUNG

[Beginnt das Vorwort]

[1]Höre, mein Sohn, auf die Lehren des Meisters, 1. Jan. 2. Mai
neige das Ohr deines Herzens, nimm die Mahnung 1. Sept.
des gütigen Vaters willig an und erfülle sie durch die Tat. [2]So wirst du durch die Mühe des Gehorsams zu dem zurückkehren, von dem du dich in der Trägheit des Ungehorsams entfernt hast. [3]So richtet sich denn jetzt mein Wort an dich: an jeden, der dem Eigenwillen entsagt und die starken und herrlichen Waffen des Gehorsams ergreift, um dem wahren König, Christus, dem Herrn, zu dienen.
[4]Sooft du etwas Gutes zu tun beginnst, bitte zuerst inständig darum, daß er es vollende. [5]Dann braucht er, der uns jetzt gnädig unter seine Söhne aufgenommen hat, nicht dereinst über unser böses Tun betrübt sein. [6]Denn immer müssen wir ihm mit den Gaben, die er in uns legt, so gehorchen, daß er nie als erzürnter Vater uns, seine Söhne, enterbt [7]oder als strenger Herr, zornig über unsere Sünden, uns wie nichtsnutzige Knechte der ewigen Strafe überantwortet, weil wir ihm zur Herrlichkeit nicht folgen wollten.

1: Höre, vgl. Spr 1,8; 4,20; 6,20; Ps 45,11

2. Jan. 3. Mai 2. Sept. [8]Stehen wir also endlich einmal auf; die Schrift weckt
uns und sagt: *Die Stunde ist gekommen, vom Schlaf*
aufzustehen. [9]Öffnen wir unsere Augen dem gött-
lichen Licht und hören wir mit aufmerksamem Ohr,
was die Stimme Gottes, jeden Tag uns mahnend,
zuruft: [10]*Wenn ihr heute seine Stimme hört, verhärtet*
euer Herz nicht! [11]Ferner: *Wer Ohren hat zu hören,*
der höre, was der Geist den Gemeinden sagt! [12]Und
was sagt er? *Kommt, meine Söhne, hört mir zu! Ich*
will euch die Furcht des Herrn lehren. [13]*Lauft, so-*
lange ihr noch das Licht des Lebens habt, damit euch
nicht die Finsternis des Todes überfällt!

3. Jan. 4. Mai 3. Sept. [14]Das ruft der Herr der Volksmenge zu, in der er
seinen Arbeiter sucht; er ruft nochmals: [15]*Wer ist der*
Mensch, der das Leben liebt und gute Tage zu sehen
wünscht? [16]Wenn du das hörst und antwortest: »Ich«,
dann sagt Gott zu dir: [17]Willst du das wahre und
ewige Leben haben, *so bewahre deine Zunge vor dem*
Bösen und deine Lippen vor falscher Rede! Meide
das Böse und tu das Gute, suche den Frieden und jage
ihm nach! [18]Wenn ihr das tut, dann richte ich meine
Augen auf euch und höre eure Gebete, und noch
ehe ihr mich anruft, sage ich zu euch: *Hier bin ich.*
[19]Was könnte uns, liebe Brüder, willkommener
sein als diese Stimme des Herrn, der uns einlädt?

8: Röm 13,11 | 10: Ps 95,8 | 11: Offb 2,7; vgl. Mt 11,15 | 12: Ps 34,12 | 13: Joh 12,35 | 14: Arbeiter, vgl. Mt 20,1 | 15: Ps 34,13; vgl. 1 Petr 3,10–12 | 17: Ps 34,14–15 | 18: Ps 34,16 ehe ihr, vgl. Jes 65,24 Hier bin ich, Jes 58,9

20 Seht doch, in seiner Güte zeigt uns der Herr den
Weg zum Leben.
21 *Umgürten wir uns* also *mit dem Glauben* und der
Übung der guten Werke, und gehen wir unter der
Führung des Evangeliums seine Wege, damit wir ihn
schauen dürfen, *der* uns *in sein Reich gerufen hat.*
22 Wenn wir im Zelt seines Reiches wohnen wollen,
müssen wir mit guten Taten vorwärts eilen; sonst
werden wir nie dorthin gelangen.
23 Aber fragen wir doch den Herrn mit den Worten 4. Jan.
des Propheten: *Herr, wer darf wohnen in deinem Zelt,* 5. Mai 4. Sept.
wer darf ruhen auf deinem heiligen Berg? 24 Brüder,
hören wir auf diese Frage die Antwort des Herrn; er
zeigt uns den Weg zu seinem Zelt 25 und sagt: *Wer*
makellos lebt und das Rechte tut, 26 *wer von Herzen die*
Wahrheit sagt und mit seiner Zunge nicht verleumdet;
27 *wer seinem Freund nichts Böses antut und seinen*
Nächsten nicht schmäht; 28 wer den *bösen* Teufel, der
ihm etwas einflüstert, samt seiner Einflüsterung vom
Blick seines Herzens wegstößt, ihn *zunichte macht,*
seine Gedankenbrut *packt und* an Christus *zerschmet-*
tert; 29 wer *den Herrn fürchtet* und sich wegen seiner
guten Beobachtung [der Regel] nicht überhebt,
sondern überzeugt ist, daß das Gute, das in ihm ist,
nicht sein eigenes Werk ist, sondern das Werk des

20: Weg, vgl. Ps 16,11; Spr 6,23; Jer 21,8 | 21: umgürten, vgl. Eph 6,14–15; Lk 12,35 Reich, vgl. 1 Thess 2,12 | 23: Ps 15,1 | 25–27: Ps 15,2–3 | 28: Ps 15,4 Gedankenbrut, vgl. Ps 137,9; 1 Kor 10,4 | 29–30: Ps 15,4

Herrn. [30]Solche Menschen *preisen* den Herrn, der in ihnen wirkt, und sagen mit dem Propheten: *Nicht uns, Herr, nicht uns, sondern deinem Namen gib die Ehre!* [31]So hat auch der Apostel Paulus von seiner Predigt nichts sich selber zugeschrieben; er sagt ja: *Durch die Gnade Gottes bin ich, was ich bin.* [32]Und er sagt auch: *Wer sich rühmt, rühme sich des Herrn!* [33]Von solchen Menschen sagt der Herr im Evangelium: *Wer diese meine Worte hört und danach handelt, ist wie ein kluger Mann, der sein Haus auf einen Felsen baute.* [34]*Ein Wolkenbruch kam, Stürme tobten und rüttelten an dem Haus; aber es stürzte nicht ein; denn es war auf einen Felsen gebaut.*

5. Jan. 6. Mai 5. Sept. [35]So schließt der Herr [die Bergpredigt]. Nun erwartet er von uns, daß wir diesen seinen heiligen Mahnungen Tag für Tag durch unsere Taten entsprechen. [36]Deshalb werden uns zur Besserung vom Bösen die Tage dieses Lebens als Gnadenfrist geschenkt. [37]Sagt doch der Apostel: *Weißt du nicht, daß Gottes Langmut dich zur Umkehr führt?* [38]In seiner Güte sagt ja der Herr: *Ich habe kein Gefallen am Tod des Schuldigen, sondern daran, daß er umkehrt und am Leben bleibt.*

[39]Brüder, wir haben den Herrn gefragt, wer in seinem Zelt wohnen darf, und wir haben die Wohnbedingungen gehört.

30: wirkt, vgl. Phil 2,13 nicht uns, Ps 115,1 | 31: 1 Kor 15,10 | 32: 1 Kor 10,17 | 33: Mt 7,24; vgl. Ps 15,5 | 34: Mt 7,25 | 35: schließt, vgl. Mt 7,28 | 37: Röm 2,4 | 38: Ez 33,11

Aber nur, wenn wir die Pflichten eines Bewohners erfüllen, werden wir Erben des Himmelreiches sein.

Nun müssen wir auch die Pflichten eines Bewohners erfüllen!

6. Jan. 7. Mai 6. Sept.

[40]Wir wollen also unser Herz und unseren Leib für den Dienst bereiten, für den heiligen Gehorsam gegen die Gebote!

[41]Weil wir das aber mit unserer natürlichen Kraft nicht zustande bringen, wollen wir vom Herrn die Hilfe seiner Gnade erbitten. [42]Wenn wir den Höllenstrafen entrinnen und zum ewigen Leben gelangen wollen, [43]müssen wir jetzt, solange noch Zeit ist und wir in diesem Leib wohnen, das alles erfüllen; jetzt, da wir noch das Licht dieses Lebens schauen und Zeit haben, [44]müssen wir vorwärts eilen und tun, was uns für die Ewigkeit nützt.

7. Jan. 8. Mai 7. Sept.

[45]Wir wollen also eine Schule für den Dienst des Herrn gründen. [46]Bei dieser Gründung ist es unsere Absicht, nichts Hartes, nichts Schweres anzuordnen. [47]Sollten jedoch Vernunft und Billigkeit zur Besserung von Fehlern und zur Bewahrung der Liebe da und dort etwas strengere Anforderungen stellen, [48]so verlaß nicht gleich voll Angst und Schrecken den Weg des Heils, der am Anfang nun einmal eng sein muß. [49]Sobald man aber im klöster-

---

40: bereiten, vgl. 1 Sam 7,3 | 43–44: Licht, vgl. Joh 12,35 |
44: eilen, vgl. 1 Kor 9,24 | 46: nichts Hartes, vgl. Mt 11,30 |
48: Weg – eng, vgl. Mt 7,14

lichen Leben und im Glauben Fortschritte macht, *weitet sich das Herz,* und *man geht den Weg der Gebote* Gottes in unsagbarer Freude der Liebe. [50]Wir wollen uns also nie der Leitung dieses Meisters entziehen, sondern im Kloster *bis zum Tod an* seiner *Lehre festhalten* und in Geduld *am Leiden Christi teilnehmen, damit wir auch* verdienen, *Anteil zu haben an der Herrlichkeit seines Reiches.* Amen.

[Schließt das Vorwort]

49: weitet sich, vgl. Ps 119,32 | 50: Lehre – Leiden, vgl. Apg 2,42; Phil 2,8; 2 Joh 9; 1 Petr 4,13 Erben, vgl. Röm 8,17

[Beginnt der Wortlaut der Regel]

[»Regel« heißt sie, weil sie das Leben derer, die ihr gehorchen, regelt.]

DIE ARTEN DER MÖNCHE

1 [1]Bekanntlich gibt es vier Arten von Mönchen. 8. Jan. 9. Mai
[2]Die erste Art ist die der Cönobiten, das heißt 8. Sept.
jener, die in Klöstern leben. Sie dienen unter Regel und Abt.

[3]Dann gibt es eine zweite Art, die der Anachoreten oder Eremiten. Diese nehmen das Mönchsleben nicht im ersten Eifer des Anfängers auf sich, sondern haben eine lange Zeit der Prüfung im Kloster verbracht. [4]Durch die Hilfe vieler Brüder bereits geschult, haben sie gelernt, gegen den Teufel zu kämpfen. [5]In den Reihen der Brüder gut zum Einzelkampf in der Wüste ausgebildet, sind sie mit der Hilfe Gottes nun imstande, ohne Furcht, ohne eines anderen Zuspruch, allein aus eigener Kraft gegen die Verderbtheit des Fleisches und der Gedanken zu kämpfen.

9. Jan. 10. Mai 9. Sept. [6]Eine dritte, ganz abscheuliche Art von Mönchen ist die der Sarabaiten. Diesen fehlt die Schule der Erfahrung; sie haben sich nicht in der Zucht einer Regel bewährt *wie das Gold im Feuerofen,* sondern sind weich wie Blei. [7]Durch ihre Taten halten sie immer noch der Welt die Treue und belügen offenkundig Gott mit ihrer Tonsur. [8]Zu zweit oder zu dritt oder auch allein leben sie ohne Hirten; statt in die Hürde des Herrn sind sie in ihre eigene eingesperrt und betrachten ihr eigenes Begehren und Behagen als ihr Gesetz. [9]Sie nennen all das heilig, was sie selbst für gut und wichtig halten; was sie aber ablehnen, das gilt ihnen als verboten.

[10]Eine vierte Art von Mönchen ist die der sogenannten Gyrovagen. Diese treiben sich ihr Leben lang in den verschiedenen Gegenden herum und halten sich in den Zellen einzelner Mönche* drei oder vier Tage auf; [11]immer unstet, nie beständig, sind sie Sklaven ihres Eigenwillens und der Gaumenlust und sind in jeder Hinsicht noch verkommener als die Sarabaiten.

[12]Es ist besser, vom erbärmlichen Leben all dieser [Mönche] zu schweigen als davon zu reden. [13]Lassen wir sie also beiseite und gehen wir daran, der tüchtigsten Art, nämlich den Cönobiten, mit Gottes Hilfe eine feste Ordnung zu geben.

1,6: wie das Gold, vgl. Weish 3,6 | 1,7: belügen, Ps 81,16; Apg 5,3

1,10: Es handelt sich um Einsiedler, deren Gastfreundschaft die Gyrovagen mißbrauchen.

DIE EIGENSCHAFTEN DES ABTES

2 1Ein Abt, der würdig ist, dem Kloster vorzu- 10. Jan.
stehen, muß immer den Titel bedenken, mit dem 11. Mai
er angeredet wird, und muß der Bezeichnung »Obe- 10. Sept.
rer« durch seine Taten gerecht werden. 2Der Glaube
sieht in ihm ja den Stellvertreter Christi im Kloster;
redet man ihn doch mit dessen Namen an, 3wie es
beim Apostel heißt: *Ihr habt den Geist empfangen,
der euch zu Söhnen macht, den Geist, in dem wir
rufen: Abba, Vater!* 4Deshalb darf der Abt nichts
lehren, bestimmen oder befehlen, was dem Gebot
des Herrn widerspricht. 5Sein Befehl und seine Lehre
sollen vielmehr wie ein Sauerteig der göttlichen
Gerechtigkeit die Herzen der Jünger durchdringen.
6Immer denke der Abt daran, daß beim furcht-
baren Gericht Gottes beides Gegenstand der Unter-
suchung sein wird: seine Lehre und der Gehorsam
der Jünger. 7Der Abt muß wissen: Für jeden Ver-
lust, den der Hausherr bei seinen Schafen feststellt,
trifft den Hirten die Verantwortung. 8Ebenso gilt
freilich, daß der Hirt, der einer unruhigen und
ungehorsamen Herde alle Hirtensorge geschenkt
und gegen ihr verdorbenes Handeln alle Heilkunst
aufgewandt hat, 9im Gericht des Herrn freige-
sprochen wird und mit dem Propheten zum Herrn
sagen darf: *Deine Gerechtigkeit habe ich nicht in*

2,3: Röm 8,15; vgl. Gal 4,6 | 2,5: Sauerteig, vgl. Mt 13,33 |
2,9: Ps 40,11; vgl. Jes 1,2; Ez 20,27

*meinem Herzen verborgen; ich habe von deiner Treue
und Hilfe gesprochen; sie aber haben mich verhöhnt
und verachtet.* [10]Dann kommt schließlich über die
Schafe, die sich in Ungehorsam seiner Hirtensorge
widersetzt haben, als Strafe der allgewaltige
Tod.

11. Jan. 12. Mai [11]Wer also den Namen »Abt« annimmt, muß seinen
11. Sept. Jüngern in doppelter Weise als Lehrer vorstehen:
[12]Er zeige mehr durch sein Beispiel als durch Worte,
was gut und heilig ist; den gelehrigen Jüngern lege
er die Gebote Gottes mit Worten dar, den Unempfänglichen
und Einfältigeren aber veranschauliche
er den Willen Gottes durch sein Beispiel. [13]Wenn er
in der Belehrung seine Jünger darauf hinweist, daß
etwas [mit dem klösterlichen Leben] unvereinbar ist,
dann soll er immer auch durch sein Beispiel zeigen,
daß man es nicht tun darf. Sonst könnte es sein, daß
er anderen predigt, selbst aber verworfen wird. [14]Gott
könnte ihm, wenn er sündigt, einmal sagen: *Warum
zählst du meine Gesetze auf und nimmst mein Bundeswort
in deinen Mund? Dabei ist dir selbst die Zucht
verhaßt, und du wirfst meine Worte hinter dich.* [15]Und:
*Du siehst im Auge deines Bruders Splitter, aber den
Balken in deinem Auge beachtest du nicht.*

12. Jan. 13. Mai [16]Er soll im Kloster niemand bevorzugen. [17]Er soll
12. Sept. einen nicht mehr lieben als den anderen, außer
er fände an ihm mehr Tugend und Gehorsam.

2,12: Unempfänglichen, vgl. Jes 48,4; Ez 3,7; Sir 3,27 | 2,13: 1 Kor 9,27 | 2,14: Ps 50,16–17 | 2,15: Mt 7,3

[18]Der Freigeborene soll keinen Vorzug vor dem haben, der als Sklave eingetreten ist, außer es läge sonst ein vernünftiger Grund vor. [19]Wenn der Abt es aber aus Gründen der Gerechtigkeit für angebracht hält, kann er auch sonst jedem einen höheren Rang zuweisen. Im übrigen behalte jeder den Platz, der ihm zukommt; [20]denn *ob Sklave oder Freigeborener: In Christus sind wir alle eins* und tragen unter dem einen Herrn die gleiche Last des Soldaten- und Sklavendienstes; *bei Gott gibt es ja kein Ansehen der Person.* [21]Er bevorzugt uns nur dann, wenn unsere Taten besser sind als die der anderen und wenn wir demütig sind. [22]Der Abt habe für alle die gleiche Liebe, stelle an sie in allen Fällen je nach Verdienst die gleichen Forderungen.

[23]Als Lehrer halte sich der Abt immer an das Beispiel und den Grundsatz des Apostels: *Weise zurecht, ermutige, tadle!* [24]Das heißt: Je nach Zeit und Umständen verbinde er mit der Strenge sanfte Güte; er zeige bald den Ernst des Meisters, bald die zärtliche Liebe des Vaters. [25]Die Ungezogenen und Unruhigen soll er sehr hart zurechtweisen, die Gehorsamen, Friedlichen und Geduldigen aber zu weiterem Fortschritt ermutigen. Wir ermahnen ihn, die Nachlässigen und Verächter [der Zucht] zu tadeln und zu bestrafen.

13. Jan.
14. Mai
13. Sept.

[26]Er soll nicht über die Fehler der Schuldigen hin-

2,20: Eph 6,8; Gal 3,28; Röm 2,11 | 2,23: 2 Tim 4,2 | 2,24: bald – bald, vgl. Koh 3,1ff. | 2,26: hinwegsehen, vgl. Weish 11,24

wegsehen, sondern sie, so gut er kann, gleich beim Entstehen mit der Wurzel ausrotten. Er denke an den Tod des Priesters Heli von Silo. [27]Rechtschaffene und verständige Gemüter weise er bei der ersten und zweiten Mahnung mit Worten zurecht; [28]die Unaufrichtigen und Widerspenstigen, die Stolzen und Ungehorsamen aber bestrafe er gleich beim Entstehen der Sünde mit Schlägen und körperlicher Züchtigung. Kennt er doch das Schriftwort: *Der Tor wird durch Worte nicht gebessert.* [29]Und das andere: *Schlag deinen Sohn mit der Rute, und du rettest ihn vor dem Tod.*

14. Jan. 15. Mai 14. Sept.

[30]Der Abt soll immer daran denken, was er ist; er soll daran denken, was sein Name besagt. Er soll wissen: *Wem mehr anvertraut ist, von dem wird auch mehr gefordert.*

[31]Er soll wissen, wie schwer und mühevoll die Aufgabe ist, die er übernommen hat, Seelen zu leiten und der Eigenart vieler zu dienen; bei dem einen soll er es mit sanfter Güte, bei dem anderen mit Tadel, beim dritten mit eindringlichem Zureden versuchen. [32]Je nach Veranlagung und Fassungskraft eines jeden soll er sich an alle so anpassen und anschmiegen, daß er an der ihm anvertrauten Herde keinen Verlust zu beklagen hat, sondern im Gegenteil sich am Gedeihen der guten Herde freuen kann.

2,26: Heli, vgl. 1 Sam 2,11–34; 3,11–14; 4,12–18 | 2,28: Spr 29,19; vgl. 18,2 | 2,29: Spr 23,14 | 2,30: Lk 12,48

33 Vor allem darf er nicht über das Heil der ihm an- 15. Jan. 16. Mai
vertrauten Seelen hinwegsehen oder es gering- 15. Sept.
schätzen und seine Hauptsorge den vergänglichen,
irdischen und hinfälligen Dingen zuwenden. 34 Viel-
mehr soll er immer daran denken, daß er die Lei-
tung von Seelen übernommen hat, für die er einst
Rechenschaft ablegen muß. 35 Das vielleicht geringe
Klostervermögen soll ihn nicht beunruhigen; er
denke an das Schriftwort: *Sucht zuerst das Reich
Gottes und seine Gerechtigkeit; dann wird euch alles
andere dazugegeben.* 36 Und das andere Wort: *Wer
den Herrn fürchtet, leidet keine Not.*

37 Er soll wissen: Wer die Leitung von Seelen über-
nimmt, muß sich zur Rechenschaft bereithalten.
38 Er sei fest davon überzeugt: Am Tag des Gerichts
muß er dem Herrn Rechenschaft ablegen über die
Seelen aller Brüder, die er unter seiner Obhut weiß,
dazu natürlich auch über seine eigene Seele. 39 Wenn
er so immer in Furcht vor der Untersuchung lebt,
die er als Hirt über die ihm anvertrauten Schafe
zu gewärtigen hat, dann wird die Verantwortung,
die er für andere trägt, ihn veranlassen, auf sich
selbst achtzugeben. 40 Und indem er durch seine
Mahnungen anderen zur Besserung verhilft, läutert
er sich selbst von seinen eigenen Fehlern.

2,35: Mt 6,33 | 2,36: Ps 34,10

DIE BERUFUNG DER BRÜDER ZUM RAT

16. Jan. 17. Mai 16. Sept.

3 [1]Sooft es sich im Kloster um eine wichtige Angelegenheit handelt, soll der Abt die ganze Klostergemeinde* zusammenrufen und selbst die Angelegenheit vortragen. [2]Er soll den Rat der Brüder anhören, dann die Sache bei sich überlegen und das tun, was er für richtig hält. [3]Daß zur Beratung alle gerufen werden, bestimmen wir deshalb, weil der Herr oft einem Jüngeren offenbart, was das Bessere ist.

[4]Doch sollen die Brüder ihren Rat demütig und bescheiden geben und sich nicht herausnehmen, ihre Meinung hartnäckig zu verteidigen. [5]Die Entscheidung liegt vielmehr beim Abt. Was er für heilsamer hält, das sollen alle gehorsam annehmen. [6]Aber wie es sich für den Jünger schickt, dem Meister zu gehorchen, so ist es die Pflicht des Abtes, alles umsichtig und gerecht anzuordnen.

17. Jan. 18. Mai 17. Sept.

[7]Alle sollen daher in allem der Weisung der Regel folgen, und niemand darf leichtfertig von ihr abweichen. [8]Niemand im Kloster soll dem Begehren des eigenen Herzens folgen, [9]und niemand darf sich herausnehmen, mit seinem Abt frech oder außerhalb des Klosters zu streiten. [10]Wenn jemand sich das herausnimmt, verfalle er der in der Regel festgesetzten

---

3,3: offenbart, vgl. Mt 11,25; Lk 10,21; vgl. 1 Kor 14,30

3,1.12: Die RB widmet als erste Mönchsregel dem »Rat aller Brüder« und dem »Rat der Älteren« ein eigenes Kapitel.

Strafe. [11]Der Abt jedoch handle immer in Gottesfurcht und nach der Vorschrift der Regel. Er soll wissen, daß er ohne jeden Zweifel vor Gott, dem gerechten Richter, über alle seine Entscheidungen Rechenschaft ablegen muß.

[12]Handelt es sich um weniger wichtige Angelegenheiten des Klosters, so ziehe er nur die Älteren* zu Rate; [13]es steht ja geschrieben: *Tu alles mit Rat, dann brauchst du nach der Tat nichts zu bereuen.*

DIE INSTRUMENTE DER GUTEN WERKE

4 [1]Zuerst: *den Herrn, Gott, lieben von ganzem Herzen und ganzer Seele und mit ganzer Kraft.* 18. Jan. 19. Mai 18. Sept.

[2]Zweitens: *den Nächsten lieben wie sich selbst.*

[3]Dann: *nicht töten.*

[4]*Nicht ehebrechen.*

[5]*Nicht stehlen.*

[6]*Nicht begehren.*

[7]*Kein falsches Zeugnis geben.*

[8]*Alle* Menschen *ehren.*

3,11: Rechenschaft, vgl. Röm 14,12 | 3,13: Sir 32,24
4,1: Dtn 6,5; Mk 12,30; Lk 10,27 | 4,2: Mk 12,31; Lk 10,28 |
4,3–5: Mt 19,18–19; Lk 18,20 | 4,6: Ex 20,17; Dtn 5,21; Röm 13,9 | 4,7: Mt 19,18; Lk 18,20; Mk 10,19 |
4,8: 1 Petr 2,17

9 *Keinem anderen etwas antun, was man selbst nicht erleiden möchte.*

10 *Sich selbst verleugnen,* um Christus *nachzufolgen.*
11 *Den Leib in Zucht halten.*
12 Nicht das suchen, was den Sinnen schmeichelt.
13 Das Fasten lieben.

14 Den Armen zu essen geben.
15 *Die Nackten bekleiden.*
16 *Die Kranken besuchen.*
17 Die Toten begraben.
18 Denen, die in Not sind, zu Hilfe kommen.
19 Die Trauernden trösten.

20 *Sich fernhalten vom Treiben der Welt.*
21 Der Liebe zu Christus nichts vorziehen.

19. Jan. 20. Mai 19. Sept.

22 Sich nicht zu Taten des Zorns hinreißen lassen.
23 Nicht im Groll verharren.
24 Keine Falschheit im Herzen tragen.
25 Nicht heuchlerisch Frieden bieten.
26 Von der Liebe nicht lassen.
27 *Nicht schwören, um nicht falsch zu schwören.*
28 Die Wahrheit mit Herz und Mund bekennen.

29 *Nicht Böses mit Bösem vergelten.*

4,9: Mt 7,12; vgl. Tob 4,16; vgl. RB 61,14; 70,7 | 4,10: Mt 16,24 | 4,11: 1 Kor 9,27 | 4,15–16: Mt 25,36 | 4,17: Vgl. Tob 1,20; 2,7–9 | 4,20: Vgl. Jk 1,27 | 4,24: Vgl. Spr 12,20 | 4,27: Mt 5,34 | 4,29: Vgl. 1 Petr 3,9

30 Niemand Unrecht tun, aber auch erlittenes Unrecht geduldig tragen.
31 *Die Feinde lieben.*
32 *Wenn jemand uns flucht, nicht mit Fluch antworten, sondern vielmehr mit Segen.*
33 *Verfolgung leiden um der Gerechtigkeit willen.*

34 *Nicht stolz* sein.
35 *Kein Trinker* und
36 kein großer Esser sein.
37 Nicht dem Schlaf ergeben,
38 kein Faulenzer,
39 kein Murrer,
40 kein Ehrabschneider sein.

41 Seine Hoffnung auf Gott setzen.
42 Wenn man etwas Gutes an sich sieht, es Gott zuschreiben, nicht sich selbst;
43 das Böse dagegen immer als sein eigenes Werk erkennen und sich selbst zuschreiben.

44 Den Tag des Gerichtes fürchten. 20. Jan. 21. Mai 20. Sept.
45 Vor der Hölle zittern.
46 Mit der ganzen Begierde des Geistes nach dem ewigen Leben verlangen.
47 Den drohenden Tod sich täglich vor Augen halten.

4,31: Mt 5,44; Lk 6,27 | 4,32: Lk 6,28; 1 Kor 4,12; 1 Petr 3,9 | 4,33: 1 Kor 4,12; 1 Petr 3,14; Mt 5,10 | 4,34–35: Tit 1,7 | 4,39–40: Vgl. Weish 1,11

[48]Sein Tun und Lassen ständig überwachen.
[49]Davon überzeugt sein, daß Gott an jedem Ort auf uns schaut.
[50]Böse Gedanken, die im Herzen aufsteigen, sogleich an Christus zerschmettern und dem geistlichen Vater offenbaren.

[51]Schlechtes und unanständiges Reden vermeiden.
[52]Das viele Reden nicht lieben.
[53]Leere oder zum Lachen reizende Worte nicht reden.
[54]Lautes und schallendes Lachen nicht lieben.

[55]Die heiligen Lesungen gern hören.
[56]Sich oft zum Gebet niederwerfen.
[57]Seine früheren Sünden unter Tränen und Seufzen täglich im Gebet Gott bekennen.
[58]Diese Sünden in Zukunft meiden.

[59]*Das Begehren des Fleisches nicht befriedigen.*
[60]Den Eigenwillen hassen.
[61]Dem Befehl des Abtes in allem gehorchen, auch wenn er selbst – was Gott verhüte – anders handelt; man denke an das Gebot des Herrn: *Was sie sagen, das tut; was sie tun, das tut nicht.*

[62]Nicht heilig genannt werden wollen, bevor man

4,49: Vgl. Ps 14,2; Spr 15,3 | 4,50: Vgl. Ps 137,9; 1 Kor 10,4; vgl. RB Vw 28; 7,44 | 4,57: Vgl. Mt 6,12 | 4,59: Gal 5,16 | 4,60: Vgl. Sir 18,30 | 4,61: Mt 23,3

es ist; sondern es zuerst sein, um mit mehr Recht so genannt zu werden.
63 Gottes Gebote täglich durch die Tat erfüllen.

64 *Die Keuschheit lieben.* 21. Jan. 22. Mai 21. Sept.
65 Niemand hassen.
66 Nicht eifersüchtig sein.
67 Nicht aus Neid handeln.
68 Den Streit nicht lieben.
69 Die Überheblichkeit fliehen.
70 Die Älteren ehren.
71 Die Jüngeren lieben.
72 Aus der Liebe zu Christus für die Feinde beten.
73 Hat man sich mit jemand entzweit, noch vor Sonnenuntergang wieder Frieden schließen.

74 Und an Gottes Barmherzigkeit nie verzweifeln.

75 Seht, das sind die Werkzeuge der geistlichen Kunst.
76 Wenn wir Tag und Nacht unermüdlich mit ihnen arbeiten und sie am Tag des Gerichtes wieder abgeben, wird der Herr uns den Lohn ausbezahlen, den er selbst versprochen hat: 77 *Kein Auge hat gesehen und kein Ohr gehört, was Gott denen bereitet hat, die ihn lieben.*
78 Die Werkstatt aber, in der wir das alles gewissenhaft ausführen, ist die Abgeschlossenheit des Klosters und das Ausharren in der Gemeinschaft.

4,64: Jdt 15,11 | 4,72: Vgl. Mt 5,44 | 4,73: Vgl. Eph 4,26 | 4,77: 1 Kor 2,9

DER GEHORSAM

22. Jan.
23. Mai
22. Sept.

5 [1]Die höchste Stufe der Demut ist der Gehorsam ohne Zögern. [2]Er zeichnet die aus, denen die Liebe zu Christus über alles geht. [3]Wegen des heiligen Dienstes, den sie gelobt haben, oder aus Furcht vor der Hölle oder wegen der Herrlichkeit des ewigen Lebens [4]gibt es für sie kein Zögern, sobald der Obere etwas befohlen hat; sie führen es aus, als hätte Gott selbst es befohlen. [5]Von diesen sagt der Herr: *Sobald er mich hört, gehorcht er mir.* [6]Ebenso sagt er zu den Lehrern: *Wer euch hört, der hört mich.* [7]Solche [Mönche] verlassen auf der Stelle ihre persönlichen Interessen, geben den Eigenwillen auf, [8]legen gleich alles aus der Hand, lassen ihre Arbeit unvollendet liegen und folgen mit dem raschen Schritt des Gehorsams durch die Tat dem Wort des Befehlenden. [9]Wie in einem einzigen Augenblick vollzieht sich in der Schnelligkeit der Gottesfurcht beides gleich rasch: der ergangene Befehl des Meisters und die ausgeführte Tat des Jüngers.

[10]So ist es bei denen, die vom Verlangen gedrängt sind, zum ewigen Leben voranzuschreiten. [11]Deshalb entscheiden sie sich mutig für den schmalen Weg, von dem der Herr sagt: *Schmal ist der Weg, der zum Leben führt.* [12]Sie leben nicht nach eigenem

---

5,5: Ps 18,45 | 5,6: Lk 10,16 | 5,7–8: Vgl. Mt 4,22 | 5,11: Mt 7,14

Gutdünken, gehorchen nicht ihrer Lust und Laune,
sondern folgen dem Entscheid und Befehl eines
anderen; sie bleiben im Kloster und verlangen da-
nach, daß ein Abt ihnen vorsteht. 13 Offenbar sind sie
es, die den Herrn nachahmen und sich nach seinem
Wort richten: *Ich bin nicht gekommen, um meinen
Willen zu tun, sondern den Willen dessen, der mich
gesandt hat.*
14 Dieser Gehorsam ist aber nur dann Gott wohl- 23. Jan. 24. Mai
gefällig und den Menschen angenehm, wenn der 23. Sept.
Befehl nicht zaghaft, nicht säumig, nicht lustlos
oder gar mit Murren oder offener Widerrede aus-
geführt wird; 15 denn der Gehorsam, den man den
Oberen leistet, wird Gott erwiesen; er hat ja gesagt:
Wer euch hört, der hört mich. 16 Und er muß von den
Jüngern in guter Gesinnung geleistet werden; denn
Gott liebt einen freudigen Geber. 17 Wenn nämlich
der Jünger in böser Gesinnung gehorcht und nicht
nur mit dem Mund, sondern auch nur im Herzen
murrt, 18 findet er, auch wenn er den Befehl ausführt,
doch kein Gefallen vor Gott, der sein Herz murren
sieht. 19 Für ein solches Tun bekommt er keine An-
erkennung; er verfällt im Gegenteil der Strafe der
Murrer, wenn er nicht Genugtuung leistet und sich
bessert.

5,13: Joh 6,38 | 5,14: Vgl. Mt 21,29 | 5,15: Lk 10,16 |
5,16: 2 Kor 9,7; vgl. Sir 35,10–11 | 5,19: Vgl. 1 Kor 10,10

DIE SCHWEIGSAMKEIT

24. Jan.
25. Mai
24. Sept.

6 [1]Wir wollen tun, was der Prophet sagt: *Ich sagte. Ich will auf meine Wege achten, damit ich nicht sündige mit meiner Zunge. Ich stellte an meinen Mund eine Wache. Ich verstummte, verdemütigte mich und schwieg vom Guten.* [2]Hier gibt der Prophet zu verstehen, daß man der Schweigsamkeit zuliebe bisweilen sogar von guter Rede lassen soll; um so mehr muß man dann wegen der Sündenstrafe das böse Reden vermeiden.

[3]Deshalb soll wegen der Gewichtigkeit der Schweigsamkeit selbst vollkommenen Jüngern nur selten die Erlaubnis zum Reden gegeben werden, mag es sich um noch so gute, heilige und erbauliche Gespräche handeln. [4]Es steht ja geschrieben: *Bei vielem Reden entgehst du der Sünde nicht.* [5]Und an anderer Stelle: *Tod und Leben sind in der Gewalt der Zunge.* [6]Denn Reden und Lehren kommt dem Meister zu, Schweigen und Hören ist Sache des Jüngers.

[7]Wenn also jemand etwas vom Oberen zu erfragen hat, so tue er es in aller Demut und ehrfürchtiger Unterwerfung. [8]Leichtfertige Späße aber, albernes und zum Lachen reizendes Geschwätz verbannen und verdammen wir für immer und überall und erlauben nicht, daß der Jünger zu derlei Reden den Mund öffnet.

6,1: Ps 39,2–3 | 6,4: Spr 10,19 | 6,5: Spr 18,21

7 [1]Brüder, die göttliche Schrift ruft uns zu: *Jeder,* 25. Jan.
der sich erhöht, wird erniedrigt, und wer sich er- 26. Mai
niedrigt, wird erhöht werden. [2]Mit diesen Worten 25. Sept.
zeigt uns die Schrift, daß jede Erhöhung eine Art Stolz ist. [3]Davor hütet sich der Prophet, wie seine Worte zeigen: *Herr, mein Herz ist nicht stolz, meine Augen blicken nicht überheblich. Ich habe keine großartigen Pläne und befasse mich nicht mit Dingen, die mir zu hoch und zu wunderbar sind.* [4]Aber was geschieht, *wenn meine innere Haltung nicht demütig ist, wenn ich meine Seele stolz werden lasse? Dann behandelst du meine Seele, wie man ein Kind behandelt, das man* [gewaltsam] *von der Mutterbrust wegnimmt.*

[5]Brüder, wenn wir den höchsten Gipfel der Erniedrigung* erreichen und rasch zu dieser Erhöhung im Himmel gelangen wollen, zu der man durch die Erniedrigung in diesem Leben aufsteigt, [6]dann müssen wir durch unseren Aufstieg in der Tugend jene Leiter errichten, die dem Jakob im Traum erschien und *auf der er Engel herab- und hinaufsteigen* sah. [7]Dieses Herab- und Hinaufsteigen hat für uns ganz sicher keinen anderen Sinn, als daß man durch Erhöhung herab- und durch Erniedrigung

---

7,1: Lk 14,11; 18,14; vgl. Mt 23,12 | 7,3: Ps 131,1 | 7,4: Ps 131,2 | 7,6–9: Vgl. Gen 28,12

7,5: »Erniedrigung« ist die Übersetzung von humilitas (= dem Boden nahe). »Demut« (althochdeutsch: diomuoti) bedeutet »Mut zum dienen«.

hinaufsteigt. [8]Die aufgerichtete Leiter ist unser irdisches Leben, das der Herr himmelwärts aufrichtet, wenn sich unser Herz erniedrigt. [9]Die Holme der Leiter deuten wir auf unseren Leib und unsere Seele. In diese Holme hat der göttliche [Gnaden-]Ruf die verschiedenen Stufen der Demut und der Tugend eingefügt, die wir ersteigen sollen.

26. Jan. 27. Mai 26. Sept. [10]Auf der ersten Stufe der Demut stellt sich der Mensch immer die Gottesfurcht vor Augen und flieht gar sehr das Vergessen. [11]Immer denkt er an alle Gebote Gottes, und immer erwägt er in seinem Herzen, wie das Feuer der Hölle die Gottesverächter wegen der Sünden brennt, daß aber auch das ewige Leben den Gottesfürchtigen bereitet ist. [12]Jederzeit soll sich der Mensch freihalten von Sünden und Fehlern – von Gedankensünden, von Sünden der Zunge, der Hände, der Füße und des Eigenwillens, aber auch von den Begierden des Fleisches, [13]und es soll ihm bewußt sein: Gott schaut immer vom Himmel her auf ihn herab, Gottes Auge sieht überall sein Tun und Lassen, und die Engel erstatten allezeit Meldung.

[14]Darauf weist der Prophet uns hin und zeigt, daß Gott in unseren Gedanken immer gegenwärtig ist; er sagt: *Gott prüft Herz und Nieren.* [15]Und: *Der Herr kennt die Gedanken der Menschen.* [16]Und er sagt auch: *Du durchschaust meine Gedanken von fern.*

7,10: Vgl. Ps 36,2; 102,3 | 7,13: Vgl. Ps 14,2; Spr 15,3 | 7,14: Ps 7,10 | 7,15: Ps 94,11 | 7,16: Ps 139,2–3

[17]Und: *Das Denken des Menschen wird dir sich öff-*
nen. [18]Um aber seine verkehrten Gedanken gewis-
senhaft zu überwachen, soll der taugliche Bruder
in seinem Herzen immer das Wort wiederholen:
Nur dann *bin ich untadlig vor ihm, wenn ich mich in*
acht nehme vor meiner Bosheit.
[19]Den eigenen Willen zu tun, verwehrt die Schrift, 27. Jan. 28. Mai
wenn sie uns sagt: *Wende dich ab von den Regungen* 27. Sept.
deines eigenen Willens! [20]Auch flehen wir zu Gott im
Gebet, *daß* sein *Wille in* uns *geschehe.* [21]Mit gutem
Grund werden wir also belehrt, nicht unseren eige-
nen Willen zu tun. So beachten wir die Mahnung
der Heiligen Schrift: *Es gibt Wege, die den Men-*
schen recht erscheinen, die aber am Ende zur Tiefe
der Hölle hinabführen. [22]Wir zittern auch vor dem
Wort, das über die Nachlässigen gesagt ist: *Verwerf-*
lich und abscheulich sind sie geworden, weil sie ihrem
Willen gehorcht haben.
[23]Daß uns Gott in den Begierden des Fleisches im- 28. Jan. 29. Mai
mer gegenwärtig ist, glauben wir, weil der Prophet 28. Sept.
zum Herrn sagt: *All mein Begehren liegt offen vor dir.*
[24]Hüten wir uns also vor dem bösen Begehren;
denn der Tod lauert an der Schwelle der Lust. [25]Des-
halb gebietet die Schrift: *Geh deinen Begierden nicht*
nach!
[26]Es gilt somit: *Die Augen des Herrn beobachten Gute* 29. Jan. 30. Mai
und Böse; [27]*der Herr schaut immer vom Himmel* 29. Sept.

7,17: Ps 76,11 | 7,18: Ps 18,24 | 7,19: Sir 18,30 | 7,20: Mt 6,10 | 7,21: Spr 16,25 | 7,22: Ps 14,1 | 7,23: Ps 38,10 | 7,25: Sir 18,30 | 7,26: Spr 15,3 | 7,27: Ps 14,2

auf die Menschenkinder herab, um zu sehen, ob noch
ein Verständiger da ist, der Gott sucht; [28]die Engel, die
uns zugeteilt sind, melden dem Herrn täglich bei
Tag und Nacht unser Tun und Lassen. [29]Wir müssen
also in jedem Augenblick auf der Hut sein, damit
uns Gott nicht irgendeinmal, wie der Prophet im
Psalm sagt, *abtrünnig und verdorben* sehen muß.
[30]Er soll nicht, weil er uns in seiner Güte jetzt schont
und auf unsere Bekehrung und Besserung wartet,
dereinst zu uns sagen müssen: *Das hast du getan, und*
ich habe geschwiegen.

30. Jan. 31. Mai [31]Auf der zweiten Stufe der Demut liebt der Mönch
30. Sept. seinen eigenen Willen nicht und findet kein Gefallen
daran, seine Wünsche zu erfüllen, [32]sondern richtet
sich in seinem Tun nach dem Wort des Herrn, der
sagt: *Ich bin nicht gekommen, um meinen Willen zu*
tun, sondern den Willen dessen, der mich gesandt hat.
[33]Ebenso heißt es in einer Schrift*: Eigenwille bringt
Strafe, Gebundenheit [an fremden Willen] erwirbt
die Krone.

31. Jan. 1. Juni [34]Auf der dritten Stufe der Demut unterwirft sich
1. Okt. der Mönch seinem Oberen aus Liebe zu Gott in
vollkommenem Gehorsam. So ahmt er den Herrn
nach, von dem der Apostel sagt: *Er war gehorsam bis*
zum Tod.

7,29: Ps 14,3 | 7,30: Ps 50,21 | 7,32: Joh 6,38 | 7,34: Phil 2,8

7,33: Aus den Märtyrerakten der hll. Agape, Chionia und Irene.

1. Febr.
2. Juni
2. Okt.

[35]Auf der vierten Stufe der Demut übt der Mönch den Gehorsam in der Weise, daß er auch bei harten Aufträgen und bei solchen, die ihm zuwider sind, ja sogar bei jeglichem zugefügten Unrecht stillbleibt und bewußt die Geduld bewahrt. [36]Er erträgt das alles, ohne sich entmutigen zu lassen oder wegzulaufen; denn er denkt an das Wort der Schrift: *Wer bis zum Ende standhaft bleibt, der wird gerettet,* [37]und das andere Wort: *Hab festen Mut und ertrage den Herrn!* [38]Um zu zeigen, daß der Getreue für den Herrn auch alles Widrige ertragen muß, legt die Schrift denen, die leiden, diese Worte in den Mund: *Um deinetwillen werden wir hingemordet Tag für Tag und wie Schafe behandelt, die zum Schlachten bestimmt sind.* [39]Weil sie aber zuversichtlich auf Gottes Vergeltung hoffen, fügen sie freudig die Worte hinzu: *Doch all das überwinden wir durch den, der uns geliebt hat.* [40]Und anderswo sagt die Schrift: *Gott, du hast uns geprüft, du hast uns im Feuer geläutert, wie man das Silber im Feuer läutert; du hast uns in die Schlinge geraten lassen, hast drückende Lasten auf unsere Schultern gelegt.* [41]Und um zu zeigen, daß wir unter einem Oberen stehen müssen, fügt sie hinzu: *Du hast uns in die Gewalt von Menschen gegeben.* [42]Sie erfüllen aber auch das Gebot des Herrn durch ihre Geduld bei Unrecht und Kränkung: Wenn *sie auf eine Wange geschlagen werden, halten sie*

7,36: Mt 10,22 | 7,37: Ps 27,14 | 7,38: Ps 44,23; Röm 8,36 | 7,39: Röm 8,37 | 7,40: Ps 66,10–11 | 7,41: Ps 66,12 | 7,42: Mt 5,39–41

auch die andere hin; dem, der ihnen das Hemd weg-
nimmt, überlassen sie auch den Mantel; werden sie ge-
zwungen, e i n e *Meile mitzugehen, dann gehen sie zwei*
mit. [43]Wie der Apostel Paulus ertragen sie *falsche*
Brüder und *Verfolgung* und *segnen die Menschen, die*
sie verfluchen.

2. Febr. 3. Juni [44]Auf der fünften Stufe der Demut bekennt der
3. Okt. Mönch seinem Abt demütig, und ohne etwas zu ver-
bergen, alle bösen Gedanken, die in seinem Herzen
aufsteigen, und alles Böse, das er heimlich getan hat.
[45]Dazu mahnt uns die Schrift mit den Worten: *Offen-*
bare dem Herrn deinen Weg und vertraue ihm! [46]Sie
sagt auch: *Bekennt dem Herrn; denn er ist gütig; denn*
ewig währt sein Erbarmen. [47]Und der Prophet sagt:
Ich bekannte dir meine Sünde, und mein Unrecht
deckte ich nicht zu. [48]*Ich sagte: Ich will mich anklagen*
und vor dem Herrn mein Unrecht gestehen. Da hast
du alle Bosheit meines Herzens verziehen.

3. Febr. 4. Juni [49]Auf der sechsten Stufe der Demut ist der Mönch mit
4. Okt. dem Allergeringsten und Schlechtesten zufrieden,
und bei jedem Auftrag, den er erhält, betrachtet er
sich als schlechten und nichtswürdigen Arbeiter. [50]Er
sagt sich mit dem Propheten: *Ich bin zunichte gewor-*
den und war ohne Verstand. Wie ein dummes Tier bin
ich vor dir. Und doch bleibe ich immer bei dir.

4. Febr. 5. Juni [51]Auf der siebten Stufe der Demut bekennt sich der
5. Okt. Mönch nicht nur mit der Zunge als den Niedrig-
sten und Geringsten von allen, sondern ist davon

7,43: 2 Kor 11,26; vgl. 1 Kor 4,12 | 7,45: Ps 37,5 | 7,46: Ps 106,1; 118,1 | 7,47–48: Ps 32,5 | 7,50: Ps 73,22–23

auch im innersten Herzensgrund überzeugt. [52]Er demütigt sich und sagt mit dem Propheten: *Ich bin ein Wurm und kein Mensch, der Leute Spott, vom Volk verachtet.* [53]*Ich habe mich erhoben, da wurde ich erniedrigt und beschämt.* [54]Und wieder: *Es war gut für mich, daß du mich gedemütigt hast; so lernte ich deine Gebote.*

[55]Auf der achten Stufe der Demut tut der Mönch 5. Febr.
nur das, wozu die gemeinsame Regel des Klosters 6. Juni 6. Okt.
und das Beispiel der Älteren mahnen.

[56]Auf der neunten Stufe der Demut hält der Mönch 6. Febr.
seine Zunge vom Reden zurück, bleibt still und 7. Juni 7. Okt.
redet nicht, bis er gefragt wird. [57]Lehrt doch die Schrift, daß man *beim vielen Reden der Sünde nicht entgeht* [58]und daß *der Schwätzer auf der Erde keine Richtung hat.*

[59]Auf der zehnten Stufe der Demut ist der Mönch 7. Febr.
nicht leicht zum Lachen bereit, weil geschrieben 8. Juni 8. Okt.
steht: *Nur der Tor bricht in schallendes Gelächter aus.*

[60]Auf der elften Stufe der Demut spricht der Mönch, 8. Febr.
wenn er redet, freundlich und ohne zu lachen, be- 9. Juni 9. Okt.
scheiden und gesetzt; er sagt wenige und überlegte Worte und macht kein Geschrei, [61]wie es in einer Schrift* heißt: Den Weisen erkennt man an der Kürze seiner Rede.

7,52: Ps 22,7 | 7,53: Ps 88,16 | 7,54: Ps 119,71.73 | 7,56: Vgl. Ps 34,14 | 7,57: Spr 10,19 | 7,58: Ps 140,12 | 7,59: Sir 21,23

7,61: Sextus-Sprüche 134.

9. Febr. 10. Juni 10. Okt.

[62]Auf der zwölften Stufe der Demut ist der Mönch nicht damit zufrieden, seine Demut im Herzen zu haben, sondern offenbart sie auch immer in seinem Leib denen, die ihn sehen. [63]Das heißt: beim Gottesdienst, im Oratorium, im Kloster, im Garten, unterwegs, auf dem Feld, kurz überall; mag er sitzen, gehen oder stehen, senkt er immer den Kopf und richtet den Blick auf den Boden. [64]Wegen seiner Sünden hält er sich jederzeit für schuldig und denkt, er sei bereits vor das schreckliche Gericht Gottes gestellt. [65]Immer spricht er in seinem Herzen die Worte des Zöllners im Evangelium, der den Blick auf den Boden richtete und sprach: *Herr, ich Sünder bin es nicht wert, meine Augen zum Himmel zu erheben.* [66]Und mit dem Propheten sagt er: *Gebeugt bin ich und tief gedemütigt.*

[67]Hat nun ein Mönch alle diese Stufen der Demut erstiegen, dann gelangt er bald zu jener Gottesliebe, *die vollkommen ist und die Furcht vertreibt.* [68]In der Kraft dieser [Liebe] beginnt er, alle Vorschriften, die er bisher nur aus Angst beobachtete, jetzt ohne Mühe, infolge der Gewöhnung wie von selbst zu erfüllen, [69]nicht mehr aus Furcht vor der Hölle, sondern aus Liebe zu Christus, und weil das Gute ihm zur Gewohnheit, die Tugend zur Freude geworden ist. [70]Diesen Zustand der Vollendung wird der Herr durch den Heiligen Geist huldvoll an

---

7,65: Vgl. Mt 8,8; Lk 18,13 | 7,66: Ps 38,9 | 7,67: 1 Joh 4,18 | 7,70: Vgl. Röm 5,5

seinem Arbeiter offenbar machen, der rein geworden ist von Fehlern und Sünden.

DER GOTTESDIENST IN DER NACHT

8 [1]Zur Winterzeit, das heißt vom ersten November bis Ostern, wird man bei vernünftiger Überlegung* zur achten Stunde der Nacht aufstehen. [2]So können die Brüder etwas länger als die halbe Nacht schlafen und dann ausgeruht aufstehen. [3]Was nach den Vigilien an Zeit noch übrigbleibt, sollen die Brüder, die es brauchen, auf das Einüben der Psalmen und Lesungen verwenden. 10. Febr. 11. Juni 11. Okt.

[4]Von Ostern bis zum erwähnten ersten November wird die Zeit, wie folgt, festgesetzt: an die Feier der Vigilien schließt sich nach kurzer Pause, in der die Brüder für die leibliche Notdurft hinausgehen können, alsbald die Morgenfeier an, die bei Tagesanbruch zu halten ist.

8,1: Die RB berücksichtigt die möglichste Wahrung der mitternächtlichen Stunde als ehrwürdiger Zeit des Gebetes und *zugleich* die Sorge, den Brüdern die notwendige Nachtruhe zu geben.

DIE ZAHL DER PSALMEN BEIM NACHTGOTTESDIENST

11. Febr.
12. Juni
12. Okt.

9 [1]Während der oben erwähnten Winterzeit singe man zuerst dreimal den Vers: *Herr, öffne mir die Lippen, und mein Mund wird deinen Ruhm verkünden.* [2]Darauf folgt der dritte Psalm und das *Ehre sei dem Vater.* [3]Dann der vierundneunzigste Psalm, mit Antiphon* oder doch wenigstens einfach [ohne Antiphon] gesungen. [4]Es folgt der Hymnus des Ambrosius*, darauf sechs Psalmen mit Antiphonen. [5]Sind diese gesungen, und ist der Vers gesungen, so spricht der Abt das Segensgebet; dann setzen sich alle auf die Bänke, und die Brüder lesen abwechselnd aus einem Buch auf dem Pult drei Lesungen vor, zwischen denen auch drei Responsorien gesungen werden. [6]Zwei Responsorien singt man ohne *Ehre sei dem Vater;* aber nach der dritten Lesung singt der Vorsänger das *Ehre sei dem Vater.* [7]Sobald der Vorsänger es anstimmt, stehen

---

9,1: Ps 51,17

9,3: Die RB unterscheidet Psalmengesang *mit* und *ohne* Antiphon, d. h. *mit* oder *ohne* Unterbrechung durch eine Antiphon. Wir wissen nicht sicher, ob der Psalm *ohne* Antiphon langsam, gedehnt oder mit verzögernden Pausen gesungen wurde. Vgl. RB 12,1; 13,2; 17,6.9; 43,4.

9,4: Seit dem 6. Jh. heißen kirchliche Hymnen bisweilen »Ambrosianum«. Es ist möglich, daß Benedikt wirklich an die von Ambrosius († 397) verfaßten Hymnen denkt.

alle sogleich in tiefer Ehrfurcht vor der heiligen Dreifaltigkeit von ihren Sitzen auf.
[8]Die Bücher, die man zu den Vigilien liest, sind die von Gott beglaubigten Bücher des Alten wie des Neuen Testaments, aber auch deren Erklärungen, die von den anerkannten und rechtgläubigen katholischen Vätern verfaßt sind.
[9]Auf diese drei Lesungen mit ihren Responsorien folgen die sechs übrigen Psalmen, die man mit *Alleluia* singt. [10]Auf sie folgt die Lesung aus dem Apostel, die auswendig vorzutragen ist, der Vers und das Bittgebet der Litanei, das heißt das *Kyrie eleison.* [11]Damit schließt die Feier der nächtlichen Vigilien.

DIE FEIER DES NÄCHTLICHEN LOBES ZUR SOMMERZEIT

10 [1]Von Ostern bis zum ersten November wird die oben erwähnte [Zwölf-]Zahl der Psalmen voll beibehalten; [2]nur fallen wegen der kurzen Nächte die Lesungen aus dem Buch weg; statt der drei Lesungen wird eine aus dem Alten Testament auswendig vorgetragen; auf sie folgt ein kurzes Responsorium. [3]Alles übrige wird so gehalten, wie es [für die Winterzeit] bestimmt wurde, das heißt, zu den nächtlichen Vigilien dürfen nie weniger als zwölf Psalmen gesungen werden, der

12. Febr.
13. Juni
13. Okt.

dritte und der vierundneunzigste Psalm nicht gerechnet.

DIE FEIER DER VIGILIEN AM SONNTAG

13. Febr.
14. Juni
14. Okt.

11 [1]Am Sonntag steht man zu den Vigilien früher auf. [2]Man halte bei den Vigilien folgende Ordnung ein: Man singt, wie wir angeordnet haben, sechs Psalmen und den Vers. Dann setzen sich alle geordnet und der Rangordnung entsprechend auf die Bänke, und man liest, wie wir oben bestimmt haben, aus einem Buch vier Lesungen mit ihren Responsorien. [3]Nur zum vierten Responsorium singt der Vorsänger das *Ehre sei dem Vater.* Sobald er es anstimmt, stehen alle sofort in Ehrfurcht auf.

[4]Auf diese Lesungen folgen der Reihe nach sechs weitere Psalmen mit Antiphonen wie vorher [vgl. Kap. 9,9] und der Vers. [5]Darauf liest man wieder vier weitere Lesungen mit ihren Responsorien, in der gleichen Ordnung wie oben.

[6]Dann singt man drei Lobgesänge aus den Propheten, die der Abt festsetzt. Diese Lobgesänge singt man mit *Alleluia.* [7]Nachdem auch der Vers gesungen ist und der Abt das Segensgebet gesprochen hat, liest man weitere vier Abschnitte aus dem Neuen Testament, in der gleichen Ordnung wie oben. [8]Nach dem vierten Responsorium stimmt

der Abt den Hymnus *Dich, Gott, loben wir* an. [9]Wenn dieser zu Ende gesungen ist, liest der Abt einen Abschnitt aus dem Evangelium, wobei alle in Ehrfurcht stehen. [10]Ist das Evangelium gelesen, so antworten alle: *Amen,* und der Abt schließt sogleich den Hymnus *Dir gebührt Lob* an, und nach dem Segensgebet beginnt die Morgenfeier.
[11]Diese Ordnung der Vigilien soll am Sonntag zu jeder Jahreszeit, im Sommer wie im Winter, in gleicher Weise eingehalten werden; [12]es müßte denn sein, daß man – was Gott verhüte – zu spät aufsteht; dann müßte man an den Lesungen und Responsorien kürzen. [13]Man sorge aber auf jede Weise dafür, daß es nicht vorkommt. Sollte es dennoch geschehen, dann leiste der, dessen Nachlässigkeit daran schuld ist, dafür Gott im Oratorium die entsprechende Genugtuung.

DIE MORGENFEIER

12 [1]Zur Morgenfeier am Sonntag singt man zuerst den sechsundsechzigsten Psalm, ohne Antiphon, ohne Unterbrechung. [2]Dann den fünfzigsten Psalm mit *Alleluia.* [3]Dann den hundertsiebzehnten und zweiundsechzigsten, [4]darauf den Lobpreis 14. Febr. 15. Juni 15. Okt.

11,10: Vgl. Ps 65,2

und die Lobpsalmen, dann eine Lesung aus der Apokalypse, auswendig, und das Responsorium, den Hymnus des Ambrosius, den Vers, den Lobgesang aus dem Evangelium und die Litanei. Damit ist die Feier beendet.

DIE MORGENFEIER AN DEN GEWÖHNLICHEN TAGEN

15. Febr.
16. Juni
16. Okt.

13 [1]An den gewöhnlichen Tagen wird die Mor-
genfeier, wie folgt, gehalten: [2]Man singt
den sechsundsechzigsten Psalm ohne Antiphon
wie am Sonntag, ein wenig langsam, so daß alle
zum fünfzigsten Psalm da sind, der mit Antiphon
gesungen wird. [3]Dann singt man, wie üblich, zwei
weitere Psalmen, nämlich: [4]am Montag den fünften
und den fünfunddreißigsten, [5]am Dienstag den
zweiundvierzigsten und sechsundfünfzigsten, [6]am
Mittwoch den dreiundsechzigsten und den vier-
undsechzigsten, [7]am Donnerstag den siebenund-
achtzigsten und den neunundachtzigsten, [8]am Frei-
tag den fünfundsiebzigsten und einundneunzigsten,
[9]am Samstag aber den hundertzweiundvierzig-
sten und den Lobgesang aus dem Deuterono-
mium, den man in zwei *Ehre sei dem Vater* teilt.

12,4: Lobpreis, Dtn 3,57–88 Lobpsalmen, Ps 148–150; Offb 7,12 Evangelium, Lk 1,68–79 | 13,9: Dtn 32,1–43

[10]An den andern Tagen [Montag bis Freitag] singt man nämlich jeden Tag den entsprechenden Lobgesang aus den Propheten, wie es in der Römischen Kirche Brauch ist. [11]Danach folgen die Lobpsalmen, dann eine Lesung aus dem Apostel, auswendig, das Responsorium, der Hymnus des Ambrosius, der Vers, der Lobgesang aus dem Evangelium und die Litanei. Damit ist die Feier beendet.

[12]Die Morgen- und die Abendfeier dürfen auf keinen Fall zu Ende gehen, ohne daß der Obere am Schluß das ganze Gebet des Herrn so spricht, daß alle es hören, wegen der Dornen, das heißt wegen der Streitigkeiten, die leicht entstehen. [13]Dadurch, daß die Brüder die Bitte aussprechen *Vergib uns, wie auch wir vergeben,* verpflichten sie sich, sich von einer solchen Schuld zu reinigen. [14]Bei den anderen Gebetszeiten spricht man nur den Schluß dieses Gebetes laut, so daß alle antworten: *Sondern erlöse uns von dem Bösen!*

16. Febr.
17. Juni
17. Okt.

13,11: Lobpsalmen, Ps 148–150 Evangelium, Lk 1,68–79 |
13,13–14: Mt 6,12–13

DIE VIGILIEN AN DEN FESTTAGEN DER HEILIGEN

17. Febr.
18. Juni
18. Okt.

14 [1]An den Gedenktagen der Heiligen und an allen Festen hält man es so, wie wir es für den Sonntag bestimmt haben. [2]Nur nimmt man die Psalmen, Antiphonen und Lesungen, die zum betreffenden Tag gehören. Doch wird die oben angegebene Ordnung beibehalten.

DIE ZEITEN DES ALLELUIA-GESANGS

18. Febr.
19. Juni
19. Okt.

15 [1]Vom heiligen Ostern bis Pfingsten singt man ohne Unterbrechung *Alleluia**, sowohl zu den Psalmen wie zu den Responsorien. [2]Von Pfingsten bis zum Beginn der österlichen Bußzeit* singt man es jede Nacht nur zu den letzten sechs Psalmen der Nachtfeier. [3]An allen Sonntagen außerhalb der österlichen Bußzeit singt man die Lobgesänge [der Vigilien], die Morgenfeier, Prim, Terz, Sext und Non mit *Alleluia,* die Vesper aber

---

15,1: »Alleluia« bedeutet »Lobt den Herrn«.
15,2: Was wir im Deutschen »Fastenzeit« nennen, bezeichnet Benedikt als »Quadragesima«, d. h. 40 Tage. Wir übersetzen sinngemäß: »die österliche Bußzeit«. Vgl. Kap. 15,3; 41,6f; 48,10–16; 49.

mit Antiphon. [4]Die Responsorien jedoch singt man nie mit *Alleluia,* außer in der Zeit von Ostern bis Pfingsten.

DER GOTTESDIENST UNTER TAGS

16 [1]Wie der Prophet sagt: *Siebenmal am Tag* 19. Febr.
singe ich dein Lob. [2]Diese geheiligte Sieben- 20. Juni
zahl erfüllen wir dann, wenn wir in der Morgen- 20. Okt.
frühe sowie zu den Stunden der Prim, Terz, Sext, Non, Vesper und Komplet unseren schuldigen Dienst leisten; [3]denn von diesen Gebetsstunden am Tag sagt der Prophet: *Siebenmal am Tag singe ich dein Lob.* [4]Von der Feier der nächtlichen Vigilien sagt der gleiche Prophet: *Um Mitternacht stehe ich auf, um dir zu lobsingen.*

[5]Zu diesen Zeiten wollen wir also unserem Schöpfer den Lobpreis darbringen *wegen seiner gerechten Entscheidungen,* nämlich bei der Morgenfeier, Prim, Terz, Sext, Non, Vesper und Komplet; und auch *bei Nacht wollen wir aufstehen, um ihn zu preisen.*

16,1.3: Ps 119,164 | 16,4: Ps 119,62 | 16,5: Vgl. Ps 119, 62.164

DIE ZAHL DER PSALMEN BEI DIESEN GOTTESDIENSTEN

20. Febr.
21. Juni
21. Okt.

17 [1]Für die Feier in der Nacht und am Morgen haben wir die Ordnung des Psalmengesangs bereits festgelegt; nun wenden wir uns den folgenden Gebetsstunden zu.
[2]Zur Prim singt man drei Psalmen, jeden für sich, also nicht unter einem einzigen *Ehre sei dem Vater,* [3]vor dem Beginn der Psalmen den Vers: *Gott, komm mir zu Hilfe* und den Hymnus dieser Gebetszeit. [4]Nach den drei Psalmen wird eine Lesung vorgetragen, der Vers, *Kyrie eleison* und der Schluß.*
[5]Die Gebetszeiten der Terz, Sext und Non werden in der gleichen Ordnung gefeiert, das heißt: der Vers, die Hymnen dieser Gebetszeiten, je drei Psalmen, die Lesung und der Vers, *Kyrie eleison* und der Schluß. [6]Wenn die Klostergemeinde größer ist, singt man die Psalmen mit Antiphonen; ist sie kleiner, ohne Unterbrechung.
[7]Für die Vesper beschränkt man sich auf vier Psalmen mit Antiphonen. [8]Nach diesen Psalmen trägt man die Lesung vor, dann das Responsorium, den Hymnus des Ambrosius, den Vers, den Lobgesang aus dem

---

17,3: Ps 70,2

17,4: Das lateinische Wort »Missae« (davon »Messe«) bedeutet in der RB wohl immer »Schluß«, Schlußgebet. Vgl. RB 17,4f.6.10; 35,14; 38,2; 60,4.

Evangelium, die Litanei und das Gebet des Herrn als Schlußgebet.
9Für die Komplet beschränkt man sich auf das Singen von drei Psalmen. Diese Psalmen singt man ohne Unterbrechung, ohne Antiphon. 10Dann folgt der Hymnus dieser Gebetszeit, eine Lesung, der Vers, *Kyrie eleison* und das Segensgebet als Schluß.

DIE REIHENFOLGE, IN DER DIE PSALMEN ZU SINGEN SIND

18 1Zuerst singt man den Vers: *Gott, komm mir* 21. Febr.
zu Hilfe; eile, Herr, mir zu helfen, Ehre sei dem 22. Juni 22. Okt.
Vater, dann den Hymnus jeder Gebetszeit.
2Dann singt man am Sonntag zur Prim vier Abschnitte des hundertachtzehnten Psalms. 3Zu den anderen Gebetszeiten, nämlich zur Terz, Sext und Non, singt man je drei Abschnitte des oben erwähnten hundertachtzehnten Psalms.
4Zur Prim am Montag singt man drei Psalmen, nämlich den ersten, zweiten und sechsten. 5So singt man jeden Tag zur Prim der Reihe nach bis zum Sonntag je drei Psalmen bis zum neunzehnten Psalm, wobei man den neunten und siebzehnten Psalm in

---

18,1: Ps 70,2

zwei Abschnitte teilt. [6]So ergibt es sich, daß man zu den Vigilien am Sonntag immer mit dem zwanzigsten beginnt.

22. Febr. 23. Juni 23. Okt.

[7]Zur Terz, Sext und Non des Montags singt man die neun noch übrigen Abschnitte des hundertachtzehnten Psalms, drei in jeder Gebetszeit.

[8]So wird der ganze hundertachtzehnte Psalm an diesen zwei Tagen, nämlich am Sonntag und Montag, gesungen. [9]Am Dienstag werden zur Terz, Sext und Non je drei Psalmen gesungen: vom hundertneunzehnten bis zum hundertsiebenundzwanzigsten, also neun Psalmen. [10]Diese Psalmen wiederholt man bei diesen Gebetszeiten immer in gleicher Weise bis zum Sonntag; auch die Anordnung der Hymnen, Lesungen und Verse wird an allen Tagen unverändert beibehalten. [11]So kann man am Sonntag immer mit dem hundertachtzehnten Psalm beginnen.

23. Febr 24. Juni 24. Okt.

[12]Zur Vesper singt man täglich vier Psalmen. [13]Diese Psalmen beginnen mit dem hundertneunten und gehen bis zum hundertsiebenundvierzigsten. [14]Ausgenommen sind jene Psalmen, die schon für andere Gebetszeiten ausgeschieden sind, nämlich Psalm hundertsiebzehn bis hundertsiebenundzwanzig, ferner Psalm hundertdreiunddreißig und hundertzweiundvierzig. [15]Alle übrigen werden zur Vesper gesungen. [16]Weil man dabei drei Psalmen zu wenig bekommt, so teilt man von den oben erwähnten die längeren, nämlich den Psalm hundertachtunddreißig, hundertdreiundvierzig und hundertvierundvierzig. [17]Der hundertsechzehnte Psalm wird

wegen seiner Kürze mit dem hundertfünfzehnten
verbunden.
[18]Damit ist die Reihenfolge der Vesperpsalmen
festgelegt. Für alles übrige, nämlich die Lesung, das
Responsorium, den Hymnus, den Vers und den
Lobgesang gelten die oben gegebenen Anordnun-
gen.
[19]Zur Komplet wiederholt man täglich dieselben
Psalmen, nämlich den vierten, neunzigsten und
hundertdreiunddreißigsten.
[20]Damit ist die Ordnung für den Psalmengesang 23. Febr. (24. Febr.)
unter Tags festgelegt; alle noch übrigen Psalmen 25. Juni
verteilt man gleichmäßig auf die sieben Vigilien, 25. Okt.
[21]und zwar so, daß man die längeren Psalmen teilt
und jeder Nacht zwölf zuteilt.
[22]Wir machen ausdrücklich auf folgendes aufmerk-
sam: Wenn jemand diese Verteilung nicht anneh-
men will, dann soll er nach besserer Einsicht eine
andere Reihenfolge aufstellen. [23]Nur soll er unter
allen Umständen darauf achten, daß man jede
Woche den Psalter mit seinen hundertfünfzig Psal-
men ungekürzt singt und zu den Vigilien am Sonn-
tag immer wieder von vorn beginnt. [24]Denn allzu
träge zeigen sich die Mönche in ihrem Dienst und
in ihrer Frömmigkeit, wenn sie im Verlauf einer
Woche nicht den ganzen Psalter und dazu die
üblichen Lobgesänge [aus den Propheten] singen.
[25]Lesen wir doch, daß einst unsere heiligen Väter in

18,18: Lobgesang, Lk 1,46–55

ihrem Eifer an einem einzigen Tag* das vollbracht haben, was wir lauen Mönche wenigstens in einer ganzen Woche leisten sollten.

DAS VERHALTEN BEIM PSALMENSINGEN

24. Febr. (25. Febr.) 26. Juni 26. Okt.

19 [1]Wir glauben, daß Gott überall gegenwärtig ist und daß *die Augen des Herrn an jedem Ort die Guten und die Bösen beobachten.* [2]Das sollen wir noch mehr als sonst glauben und für gewiß halten, wenn wir am Gottesdienst teilnehmen.

[3]Immer sollen wir daher an das Wort des Propheten denken: *Dient dem Herrn in Furcht!* [4]Und: *Singt die Psalmen mit verständigem Herzen!* [5]Und: *In Gegenwart der Engel singe ich dir Psalmen.* [6]Wir wollen also bedenken, wie wir vor dem Angesicht der Gottheit und ihrer Engel sein müssen, [7]und so beim Psalmensingen stehen, daß unser Herz im Einklang ist mit unserem Wort.

19,1: Spr 15,3 | 19,3: Ps 2,11 | 19,4: Ps 47,8 | 19,5: Ps 138,1

18,25: Benedikt las das 5. Buch der sogenannten »Väter-Sprüche«, das der römische Diakon und spätere Papst Pelagius I. († 561) zwischen 526 und 556 aus dem Griechischen ins Lateinische übersetzt hatte. Der Gottesmann entnahm aus dem 5. Buch, Kap. 4 die Sprüche 57 (= RB 18,25) und 31 (= RB 40,6).

DIE EHRFURCHT BEIM GEBET

20 [1]Wenn wir mächtigen Menschen eine Bitte unterbreiten wollen, wagen wir es nur in Demut und Ehrfurcht. [2]Um wieviel mehr müssen wir zum Herrn, dem Gott des Weltalls, in aller Demut und mit reiner Hingabe flehen. [3]Und wir sollen wissen, daß wir nicht durch viele Worte, sondern durch die Reinheit des Herzens und die Tränen der Zerknirschung Erhörung finden.

25. Febr.
(26. Febr.)
27. Juni
27. Okt.

[4]Deshalb soll das Gebet* kurz und rein sein, es sei denn, es werde durch den Antrieb und die Eingebung der göttlichen Gnade verlängert. [5]Doch in der Gemeinschaft soll das Gebet ganz kurz sein; und wenn der Obere das Zeichen gegeben hat, sollen alle zusammen aufstehen.

20,2: Vgl. Est 13,11 | 20,4: vielen Worte, vgl. Mt 6,7

20,4: Die RB setzt, altmonastischem Brauch gemäß, neben dem gemeinsamen lauten Gebet das *stille* voraus, das in seinem Vollzug dem einzelnen Mönch überlassen war (vgl. RB 52,3f). Doch innerhalb des gemeinsamen Gebets wurde seine Dauer vom Abt bestimmt.

DIE DEKANE DES KLOSTERS

26. Febr.
(27. Febr.)
28. Juni
28. Okt.

21 [1]Wenn die Klostergemeinde größer ist, sollen aus ihrer Mitte Brüder von gutem Ruf und heiligem Leben gewählt und zu Dekanen bestellt werden. [2]Diese führen in allen Angelegenheiten die Aufsicht über ihre Dekanien, im Einklang mit den Geboten des Herrn und den Weisungen ihres Abtes. [3]Zu Dekanen sollen [Brüder] gewählt werden, auf die der Abt ruhig einen Teil seiner Bürde legen kann. [4]Für die Wahl soll nicht die Rangordnung maßgebend sein, sondern das vorbildliche Leben und die Weisheit der Lehre.

[5]Gibt ein Dekan, von Stolz aufgebläht, Anlaß zum Tadel, dann soll er einmal, ein zweites und drittes Mal zurechtgewiesen werden; will er sich nicht bessern, so werde er abgesetzt, [6]und ein anderer, der würdig ist, soll an seine Stelle treten.

[7]Das gleiche bestimmen wir für den Prior.

21,1: Vgl. Apg 6,3; Dtn 1,13–15 Dekanen, vgl. Ex 18,21–22 |
21,4: Vgl. Dtn 1,13–15

22 [1]Jeder soll in einem eigenen Bett schlafen. [2]Nach der Anweisung ihres Abtes erhalten sie Bettzeug, wie es der klösterlichen Lebensweise* entspricht.

27. Febr.
(28. Febr.)
29. Juni
29. Okt.

[3]Wenn es möglich ist, schlafen alle in einem Raum; wenn die große Zahl es nicht zuläßt, ruhen sie zu zehn oder zwanzig mit ihren Älteren, die über sie wachen. [4]Im Schlafraum brennt bis zum Morgen ständig eine Lampe.

[5]Sie schlafen bekleidet und gegürtet mit Gürtel oder Strick. Während der Nachtruhe sollen sie ihr Messer nicht bei sich tragen, damit sie sich nicht etwa im Schlaf damit verletzen. [6]Die Mönche seien immer bereit. Wenn das Zeichen gegeben wird, sollen sie unverzüglich aufstehen und sich beeilen, einander zum Gottesdienst zuvorzukommen, jedoch mit allem Ernst und Anstand.

[7]Die jüngeren Brüder haben ihre Betten nicht nebeneinander, sondern zwischen den Älteren. [8]Beim Aufstehen zum Gottesdienst sollen sie einander zurückhaltend aufmuntern, so daß die Schläfrigen keine Ausrede haben.

22,5–6: gegürtet, vgl. Lk 12,35.40; Offb 16,15

22,2: Es ist nicht sicher zu entscheiden, ob die RB hier auf die klösterliche Einfachheit oder auf den Platz im Schlafraum hinweisen will. Grundsätzlich sind die Brüder gleichgestellt, doch sind stets persönliche Bedürfnisse zu berücksichtigen (RB 34).

DIE AUSSCHLIESSUNG BEI VERFEHLUNGEN

28. Febr. (29. Febr.) 30. Juni 30. Okt.

23 [1]Wenn ein Bruder widerspenstig, ungehorsam oder stolz ist, wenn er murrt und sich in einem Punkt der Heiligen Regel und den Befehlen seiner Oberen widersetzt und sich damit als Verächter erweist, [2]sollen seine Oberen ihn nach dem Gebot des Herrn ein und ein zweites Mal unter vier Augen ermahnen. [3]Bessert er sich nicht, so werde er öffentlich vor allen zurechtgewiesen. [4]Lenkt er auch jetzt nicht ein, so verfalle er der Ausschließung, wenn er die Schwere dieser Strafe begreift. [5]Erweist er sich aber als Querkopf, dann gehe man mit körperlicher Strafe gegen ihn vor.

DIE ART DER AUSSCHLIESSUNG

1. März 1. Juli 31. Okt.

24 [1]Der Schwere der Verfehlung muß die Art der Ausschließung und Bestrafung entsprechen. [2]Die Schwere der Verfehlungen zu beurteilen steht dem Abt zu.

[3]Wenn ein Bruder sich leichtere Verfehlungen zuschulden kommen ließ, soll er vom gemeinsamen Tisch ausgeschlossen werden. [4]Für den, der von der Teilnahme am gemeinsamen Tisch ausgeschlossen ist, gilt diese Regel: Im Oratorium darf er keinen

---

23,2: Vgl. Mt 18,15–16 | 23,3: Vgl. Mt 18,17; 1 Tim 5,20

Psalm und keine Antiphon singen und keine Lesung vortragen, bis er Genugtuung geleistet hat. [5]Die Mahlzeit nimmt er allein ein, nach der Mahlzeit der Brüder. [6]Wenn die Brüder zum Beispiel zur sechsten Stunde essen, ißt dieser Bruder zur neunten; wenn die Brüder zur neunten Stunde essen, dann er am Abend, [7]bis er nach entsprechender Genugtuung Verzeihung erlangt.

SCHWERE VERFEHLUNGEN

25 [1]Der Bruder aber, der eine schwere Schuld 2. März
auf sich geladen hat, soll zugleich von Tisch 2. Juli 1. Nov.
und Oratorium ausgeschlossen werden. [2]Kein Bruder darf mit ihm irgendwie Gemeinschaft haben oder mit ihm reden. [3]Allein soll er die Arbeit verrichten, die man ihm aufträgt. Er soll in Buße und Trauer verharren und an den furchtbaren Urteilsspruch des Apostels denken: [4]*Ein solcher Mensch ist dem Tod des Fleisches übergeben, damit der Geist am Tag des Herrn gerettet wird.* [5]Die Mahlzeit aber erhalte er für sich allein, in dem Maß und zu der Zeit, wie es der Abt für richtig befindet. [6]Auch soll ihm beim Vorübergehen niemand den Segensgruß bieten, noch darf die Speise gesegnet werden, die man ihm reicht.

25,4: 1 Kor 5,5 | 25,6: Vgl. Ps 129,8

VON DENEN, DIE OHNE ERLAUBNIS MIT DEN AUSGESCHLOSSENEN ZUSAMMENKOMMEN

3. März
3. Juli
2. Nov.

26 [1]Wagt es ein Bruder, ohne Erlaubnis des Abtes irgendwie mit einem ausgeschlossenen Bruder zusammenzukommen, mit ihm zu reden oder ihm etwas auszurichten, [2]dann trifft ihn die gleiche Strafe der Ausschließung.

WIE DER ABT UM DIE AUSGESCHLOSSENEN BESORGT SEIN SOLL

4. März
4. Juli
3. Nov.

27 [1]Der Abt muß mit großem Eifer um die Brüder besorgt sein, die sich verfehlt haben; denn *nicht die Gesunden brauchen den Arzt, sondern die Kranken.* [2]Deshalb muß er wie ein erfahrener Arzt alle Mittel anwenden; er soll Senpekten* vorschicken, das heißt ältere und erfahrene Brüder, [3]die unter vier Augen dem schwankenden Bruder freundlich zureden und versuchen, ihn zu demüti-

---

27,1: Mt 9,12 | 27,3: 2 Kor 2,7

27,2: Benedikt, des Griechischen unkundig, hört im vulgären Fremdwort *sen*-pecta (»Spielgenosse«) das lateinische Wort *sen*-ior, d. h. der »Ältere«. Ein neuer Deutungsversuch sieht in den »Senpekten« medizinische »Senfpflaster«, Heilmittel, die man »auflegt« (vgl. RB 28,3), ein Bild für die seelsorglich-heilende Tätigkeit der »erfahrenen Brüder«.

ger Genugtuung zu bewegen; sie sollen ihm *freundlich zureden, damit er nicht in übermäßiger Trauer versinkt.* [4]Wie der Apostel sagt, *soll man ihm gegenüber vielmehr die Liebe walten lassen,* und alle sollen für ihn beten.

[5]Der Abt muß sich nämlich große Mühe geben und mit Umsicht und Beharrlichkeit alles daransetzen, um keines der ihm anvertrauten Schafe zu verlieren. [6]Er muß nämlich wissen, daß er die Sorge für kranke Seelen*, nicht die Gewaltherrschaft über gesunde übernommen hat. [7]Und er fürchte das Drohwort, das Gott durch den Propheten spricht: *Was euch fett schien, habt ihr für euch genommen, und was schwach war, habt ihr weggeworfen.* [8]Auch ahme er den Guten Hirten nach, der das Beispiel treuer Liebe gab; er ließ die neunundneunzig Schafe in der Bergen zurück und machte sich auf, um das e i n e verirrte Schaf zu suchen. [9]Er hatte solches Mitleid mit dessen Schwäche, daß er es huldvoll auf seine heiligen Schultern nahm und so zur Herde zurücktrug.

27,4: 2 Kor 2,8 | 27,7: Ez 34,3–4 | 27,8: Vgl. Joh 10,11; Mt 18,12; Lk 15,4 | 27,9: Schultern, vgl. Lk 15,5

27,6: Die RB will nicht sagen, daß *alle* Mönche irgendwie »krank« sind, sondern nur den gültigen Grundsatz betonen, sich der »Kranken«, d. h. Fehlenden besonders anzunehmen.

VON DENEN, DIE SICH TROTZ ÖFTERER ZURECHTWEISUNG NICHT BESSERN WOLLEN

5. März
5. Juli
4. Nov.

28 [1]Wenn ein Bruder wegen irgendeines Vergehens öfter zurechtgewiesen und sogar ausgeschlossen wurde und sich dennoch nicht bessert, komme eine noch schärfere Strafe hinzu, das heißt, man gehe mit Rutenschlägen gegen ihn vor. [2]Bessert er sich auch so nicht, oder will er sogar – was Gott verhüte – in Stolz und Hochmut sein Tun verteidigen, dann mache es der Abt wie ein erfahrener Arzt: [3]Wenn er alles versucht hat: Umschläge, Salben der Ermahnungen, das Heilmittel der göttlichen Schriften, zuletzt das Brennmittel der Ausschließung und der Stockschläge, [4]dann aber sieht, daß seine Mühe nichts fruchtet, so greife er zu einem wirksameren Mittel: Er selbst und alle Brüder sollen für ihn beten, [5]damit der Herr, der alles vermag, den kranken Bruder wieder gesund macht. [6]Erst wenn auch so keine Heilung eintritt, greife der Abt zum Messer, um abzuschneiden, wie der Apostel sagt: *Schafft den Bösen fort aus eurer Mitte!* [7]Er sagt auch: *Wenn der Ungläubige weggehen will, dann soll er gehen,* [8]damit nicht ein räudiges Schaf die ganze Herde verseucht.

28,2: Vgl. 1 Tim 3,6 | 28,6: 1 Kor 5,13 | 28,7: 1 Kor 7,15

DIE WIEDERAUFNAHME VON BRÜDERN, DIE DAS KLOSTER VERLASSEN

29 [1]Wenn ein Bruder aus eigener Schuld das Kloster verlassen hat und dann wieder zurückkehren will, so muß er zuerst versprechen, sich in dem Fehler völlig zu bessern, der Anlaß zu seinem Austritt war. [2]Dann nimmt man ihn auf, stellt ihn aber an den letzten Platz, um dadurch seine Demut zu prüfen. [3]Wenn er nochmals weggeht, wird er in der gleichen Weise bis zu drei Malen wieder aufgenommen; danach aber muß er wissen, daß ihm keinerlei Möglichkeit mehr gegeben wird, ins Kloster zurückzukehren.

6. März
6. Juli
5. Nov.

WIE MINDERJÄHRIGE KNABEN BESTRAFT WERDEN SOLLEN

30 [1]Jede Alters- und Erkenntnisstufe verlangt die ihr entsprechende Behandlung. [2]Sooft sich daher Kinder und Jugendliche verfehlen oder auch Erwachsene, die nicht recht begreifen können, was für eine schwere Strafe die Ausschließung ist, [3]bestraft man sie mit strengem Fasten oder züchtigt sie mit harten Schlägen, damit sie geheilt werden.

7. März
7. Juli
6. Nov.

DIE EIGENSCHAFTEN DES CELLERARS DES KLOSTERS

8. März
8. Juli
7. Nov.

31 [1]Zum Cellerar des Klosters wählt man einen aus der Gemeinschaft aus, der lebenserfahren ist und einen reifen Charakter hat, der *nüchtern* und kein großer Esser ist, nicht hochmütig, *nicht aufgeregt,* nicht grob, nicht umständlich, nicht verschwenderisch, [2]der vielmehr Gott fürchtet. Er soll für die ganze Klostergemeinde wie ein Vater sein.

[3]Er soll Sorge tragen für alles. [4]Nichts soll er ohne Auftrag des Abtes tun. [5]Er soll sich an die erteilten Anweisungen halten. [6]Er soll die Brüder nicht betrüben. [7]Falls ein Bruder unvernünftige Wünsche vorbringt, dann soll er ihn nicht betrüben, indem er ihn mit Verachtung zurückweist, sondern diese ungehörige Bitte mit Angabe des Grundes bescheiden ablehnen.

[8]Er soll über seine Seele wachen, stets eingedenk des Apostelwortes: *Wer seinen Dienst gut versieht, erlangt einen hohen Rang.* [9]Er sorge unermüdlich für die Kranken, Kinder, Gäste und Armen, in der festen Überzeugung, daß er am Tag des Gerichtes für diese Rechenschaft ablegen muß.

[10]Alles Gerät und die ganze Habe des Klosters soll er als heiliges Altargerät betrachten. [11]Nichts soll

---

31,1: Vgl. 1 Tim 3,2; Jes 42,4; vgl. RB 64,16 | 31,8: 1 Tim 3,13 | 31,10–11: alles Gerät, vgl. Sach 14,20

er nachlässig behandeln. [12]Er soll nicht dem Geiz
ergeben, aber auch kein Verschwender und Ver-
geuder des klösterlichen Besitzes sein, sondern in
allem Maß halten und die Weisungen des Abtes
befolgen.
[13]Vor allem muß er demütig sein. Kann er einem 9. März
[Bruder] nichts geben, dann gebe er ihm wenig- 9. Juli
stens eine freundliche Antwort. [14]Es steht ja ge- 8. Nov.
schrieben: *Ein* freundliches *Wort geht über die beste
Gabe.* [15]Er hat die Verantwortung für alles, was
ihm der Abt aufträgt. In Dinge, die der Abt ihm
vorenthalten hat, mische er sich nicht ein. [16]Er gebe
den Brüdern das festgesetzte Maß an Speise und
Trank, ohne sie von oben herab zu behandeln oder
warten zu lassen. Er könnte sie sonst zum Zorn
verleiten. Er bedenke, was nach Gottes Wort der
verdient, *der einen der Kleinen zum Zorn verleitet.*
[17]Wenn die Klostergemeinde größer ist, soll man
ihm Gehilfen geben. Mit ihrer Unterstützung kann
er das ihm anvertraute Amt verwalten, ohne den
Frieden der Seele zu verlieren. [18]Zur bestimmten
Zeit gebe man, was zu geben, und erbitte man, was
zu erbitten ist, [19]damit im Haus Gottes niemand
verwirrt oder traurig wird.

31,14: Sir 18,17 | 31,16: Mt 18,6

DIE WERKZEUGE UND DIE HABE DES KLOSTERS

10. März
10. Juli
9. Nov.

32 1Den Besitz des Klosters an Werkzeugen, Kleidern und sonstiger Habe soll der Abt Brüdern anvertrauen, auf deren Leben und Charakter er sich verlassen kann. 2Er soll ihnen, wie er es für zweckmäßig hält, die verschiedenen Sachen zuweisen, die sie aufzubewahren und wieder einzufordern haben. 3Von diesen Sachen soll der Abt eine Liste haben, damit er weiß, was er ausgibt und was er zurückbekommt, wenn die Brüder an ihren Arbeitsplätzen einander ablösen.
4Wenn einer die Sachen des Klosters verschmutzen läßt oder nicht in Ordnung hält, werde er zurechtgewiesen. 5Bessert er sich nicht, dann treffe ihn die in der Regel festgesetzte Strafe.

DÜRFEN DIE MÖNCHE EIGENTUM HABEN?

11. März
11. Juli
10. Nov.

33 1Vor allem dieses Laster muß im Kloster mit der Wurzel ausgerottet werden. 2Keiner darf sich herausnehmen, ohne Erlaubnis des Abtes etwas zu verschenken oder anzunehmen 3oder etwas als Eigentum zu besitzen, durchaus nichts: kein

---

32,3: Verzeichnis, vgl. Sir 42,7

Buch, keine Schreibtafel, keinen Griffel, überhaupt gar nichts; 4sie haben ja nicht einmal das Recht, über ihren Leib und ihren Willen frei zu verfügen. 5Alles Notwendige aber dürfen sie vom Vater des Klosters erwarten, und es ist ihnen nicht erlaubt, etwas zu besitzen, was der Abt nicht gegeben oder gestattet hat.

6*Alles sei* allen *gemeinsam,* wie es in der Schrift heißt, *so daß keiner etwas sein Eigentum nennt* oder es als solches beansprucht.

7Stellt es sich heraus, daß einer an diesem ganz üblen Laster Gefallen findet, dann werde er einmal und ein zweites Mal verwarnt. 8Bessert er sich nicht, so werde er bestraft.

SOLLEN ALLE IN GLEICHEM MASS DAS NOTWENDIGE ERHALTEN?

34 1Wie es in der Schrift heißt: *Jedem wurde zugeteilt, was er nötig hatte.* 2Damit wollen wir nicht sagen, daß es ein Ansehen der Person geben darf – was Gott verhüte –, sondern daß man auf die verschiedenen Schwächen Rücksicht nimmt. 3Wer also weniger braucht, danke Gott und sei nicht traurig; 4wer aber mehr braucht, demütige

12. März
12. Juli
11. Nov.

33,6: Apg 4,32
34,1: Apg 4,35 | 34,2: Vgl. Röm 2,11

sich wegen seiner Schwäche und überhebe sich nicht wegen der Vergünstigung. [5]Auf diese Weise bleiben alle Glieder in Frieden.

[6]Vor allem zeige sich nie das Laster des Murrens aus irgendeinem Grund, in irgendeinem Wort oder nur in einer Andeutung. [7]Sollte es aber festgestellt werden, so muß der Betreffende sehr streng bestraft werden.

DER WOCHENDIENST IN DER KÜCHE

13. März
13. Juli
12. Nov.

35 [1]Die Brüder dienen sich gegenseitig, und keiner ist vom Dienst in der Küche entschuldigt, außer er ist krank oder durch eine besonders wichtige Aufgabe beansprucht; [2]denn dieser Dienst hat großen Lohn und vermehrt die Liebe. [3]Den Schwachen soll man Gehilfen geben, damit sie ihren Dienst ohne Traurigkeit verrichten. [4]Überhaupt soll jeder Hilfe erhalten, wie es die Größe der Klostergemeinde und die örtliche Lage erfordern. [5]Ist die Klostergemeinde größer, dann ist der Cellerar vom Küchendienst entschuldigt, ebenso, wie gesagt, wer durch wichtigere Aufgaben beansprucht ist. [6]Die übrigen sollen einander in Liebe dienen.

34,5: Glieder, vgl. 1 Kor 12,12.26

[7]Wer den Wochendienst beendet, besorgt am Sams-
tag das Reinemachen. [8]Sie waschen die Tücher,
mit denen sich die Brüder Hände und Füße ab-
trocknen. [9]Der Bruder, der den Wochendienst
beendet, wäscht zusammen mit dem Bruder, der
den Dienst beginnt, allen die Füße. [10]Er gibt das
zu seinem Dienst gehörende Gerät sauber und
ordentlich dem Cellerar zurück. [11]Der Cellerar
wiederum übergibt es dem, der den Dienst antritt.
So weiß er, was er ausgibt und was er zurück-
erhält.
[12]Die Brüder, die den Wochendienst versehen, be- 14. März 14. Juli 13. Nov.
kommen an Tagen mit nur einer Mahlzeit über
die festgesetzte Nahrung hinaus vorher etwas zu
trinken und ein Stück Brot, [13]damit sie ihren Brü-
dern bei der Mahlzeit ohne Murren und große
Mühe dienen können. [14]An den Nicht-Fasttagen
warten sie bis zum Schluß.
[15]Die Brüder, die den Wochendienst beginnen und
die ihn beenden, verbeugen sich* gleich nach der
Morgenfeier am Sonntag im Oratorium tief vor
allen und bitten um das Gebet. [16]Wer den Wochen-
dienst beendet, spricht folgenden Vers: *Gepriesen
bist du, Herr, unser Gott, weil du mir geholfen und
mich getröstet hast.* [17]Diesen Vers spricht er dreimal;
dann erhält er den Segen, und sein Dienst ist beendet.

35,16: Dan 3,52; Ps 86,17

35,15: Weil der Segen am »Herrentag« erteilt wird, unterbleibt, altchristlichem Brauch gemäß, die Kniebeuge. Die Brüder stehen, der Bittende neigt sich tief.

Anschließend spricht der Bruder, der den Dienst beginnt: *Gott, komm mir zu Hilfe; eile, Herr, mir zu helfen!* [18]Alle wiederholen dreimal diesen Vers; dann erhält der Bruder den Segen und beginnt seinen Dienst.

DIE KRANKEN BRÜDER

15. März
15. Juli
14. Nov.

36 [1]Die Sorge für die Kranken steht vor und über allen anderen Pflichten. Man soll ihnen wirklich wie Christus dienen. [2]Er hat ja gesagt: *Ich war krank, und ihr habt mich besucht,* [3]und: *Was ihr für einen meiner geringsten Brüder getan habt, das habt ihr für mich getan.* [4]Aber auch die Kranken müssen bedenken, daß man ihnen dient, um Gott zu ehren, und sie dürfen die Brüder, die ihnen dienen, nicht durch ihre Ansprüche betrüben. [5]Doch muß man solche Kranke in Geduld ertragen; denn an ihnen erwirbt man reicheren Lohn. [6]Es soll also die oberste Sorge des Abtes sein, daß sie nicht vernachlässigt werden.

[7]Für die kranken Brüder werde ein eigener Raum bestimmt, und ein gottesfürchtiger, gewissenhafter und besorgter Pfleger soll ihnen dienen. [8]Man biete den Kranken die Gelegenheit, ein Bad zu nehmen,

---

35,17: Ps 70,2 | 36,2: Mt 25,36 | 36,3: Mt 25,40

sooft es ihnen zuträglich ist. Doch den Gesunden und besonders den Jüngeren soll man die Erlaubnis dazu seltener geben. [9]Außerdem erlaube man den ganz schwachen Kranken zu ihrer Kräftigung den Genuß von Fleisch; doch sobald es ihnen bessergeht, sollen alle, wie es üblich ist, auf Fleischgenuß verzichten.
[10]Der Abt soll aber sehr darum besorgt sein, daß die Kranken vom Cellerar und von den Pflegern nicht vernachlässigt werden. Er ist für jeden Fehler verantwortlich, den die Jünger begehen.

DIE GREISE UND KINDER

37 [1]Zwar neigt das natürliche Empfinden des 16. März
Menschen schon von selbst zur Nachsicht 16. Juli 15. Nov.
gegenüber diesen Altersstufen, nämlich den Greisen und Kindern; dennoch soll auch die Regel mit ihrem Ansehen für sie sorgen. [2]Auf ihre Schwäche soll man immer Rücksicht nehmen; für ihre Nahrung gilt in keiner Weise die Strenge der Regel, [3]sondern man nehme liebevolle Rücksicht auf sie und lasse sie schon vor der festgesetzten Zeit essen.

DER WOCHENDIENST DES LESERS

17. März
17. Juli
16. Nov.

38 [1]Beim Tisch der Brüder darf die Lesung nie fehlen. Doch soll dort nicht der nächste beste das Buch nehmen und lesen, sondern der für die Woche bestimmte Leser beginne am Sonntag. [2]Wer den Dienst beginnt, bittet nach den Schlußgebeten und der Kommunion* alle ums Gebet, damit Gott den Geist des Hochmuts von ihm fernhalte. [3]Alle sprechen im Oratorium diesen Vers, den er selbst anstimmt: *Herr, öffne mir die Lippen, dann wird mein Mund deinen Ruhm verkünden.* [4]Darauf erhält er den Segen und beginnt seinen Dienst als Leser.

[5]Es soll tiefstes Schweigen herrschen, so daß man kein Flüstern und keine Stimme hört außer der Stimme des Lesers allein. [6]Was die Brüder beim Essen und Trinken benötigen, reichen sie sich gegenseitig, so daß keiner um etwas zu bitten braucht. [7]Fehlt aber dennoch etwas, so bittet man darum eher mit irgendeinem vernehmbaren Zeichen als mit Worten. [8]Niemand darf es wagen, über die Lesung oder sonst etwas eine Frage zu stellen, damit kein Anlaß [zum Reden] gegeben wird, [9]es sei denn, der Obere wolle zur Erbauung ein paar Worte sagen.

38,3: Ps 51,17 | 38,8: Anlaß, vgl. Eph 4,27; 1 Tim 5,14

38,2.10: Im Kloster Benedikts wurde die Eucharistie immer an den Sonn- und Festtagen gefeiert.

[10]Der Bruder, der den Wochendienst des Lesers
versieht, bekommt vor Beginn des Lesens etwas
Mischwein, wegen der heiligen Kommunion*, und
damit ihm das Fasten nicht zu beschwerlich ist.
[11]Nachher ißt er dann mit den Küchen- und Tisch-
dienern der Woche.
[12]Die Brüder dürfen nicht der Reihe nach vorlesen
und vorsingen, sondern nur solche, die ihre Zuhörer
erbauen.

DAS MASS DER SPEISE

39 [1]Wir glauben, daß zur täglichen Hauptmahl- 18. März
zeit, sei sie zur sechsten oder zur neunten 18. Juli 17. Nov.
Stunde, mit Rücksicht auf die verschiedenen
Schwächen für jeden Tisch zwei gekochte Speisen
genügen. [2]Wer von der einen Speise nicht essen
kann, hat so die Möglichkeit, sich an der anderen
zu sättigen. [3]Zwei gekochte Gerichte sollen also für
alle Brüder genügen; ist noch Obst oder frisches
Gemüse zu haben, so kann man noch ein drittes
hinzugeben.
[4]Ein gut gewogenes Pfund* Brot genügt für den
Tag, ob man nur einmal ißt [an Fasttagen] oder

39,4: Das »Pfund« der Kaiserzeit hatte etwas mehr als 300 Gramm. Es ist anzunehmen, daß die RB ein beim Landvolk gebräuchliches Maß, etwa ein Kilo, meint.

am Mittag und am Abend [an Nicht-Fasttagen]. [5]Gibt es auch ein Abendessen, so behalte der Cellerar ein Drittel von diesem Pfund zurück, um es den Brüdern am Abend zu geben.

[6]War die Arbeit sehr anstrengend, so steht es im freien Ermessen des Abtes, etwas mehr zu gewähren, wenn es angebracht erscheint. [7]Doch muß vor allem die Unmäßigkeit vermieden werden, und nie darf der Mönch bis zur Übersättigung essen; [8]denn nichts verträgt sich so wenig mit jedem Christen wie die Unmäßigkeit. [9]Sagt doch unser Herr: *Nehmt euch in acht, daß nicht euer Herz durch Unmäßigkeit beschwert wird.*

[10]Den Knaben in jüngeren Jahren reiche man nicht das gleiche Maß wie den Erwachsenen, sondern weniger; und man achte in allem auf Sparsamkeit.

[11]Auf den Genuß des Fleisches von vierfüßigen Tieren aber sollen alle vollständig verzichten, mit Ausnahme der ganz schwachen Kranken.

DAS MASS DES GETRÄNKES

19. März
19. Juli
18. Nov.

40 [1]*Jeder hat seine besondere Gabe von Gott, der eine diese, der andere jene.* [2]Deshalb bestimmen wir nur mit einigem Bedenken das Maß der Nahrung für andere. [3]Indessen glauben wir mit Rück-

---

39,9: Lk 21,34 | 40,1: 1 Kor 7,7

sicht auf die Unzulänglichkeit der Schwachen, daß eine Hemina* Wein für jeden täglich reichen sollte. [4]Wem Gott aber die Kraft gibt, sich davon zu enthalten, der wisse, daß er einen besonderen Lohn empfangen wird.

[5]Sollten jedoch die Ortsverhältnisse, Arbeit oder Sommerhitze mehr fordern, so ist das dem Ermessen des Oberen überlassen; doch muß er immer darauf achten, daß nicht Sättigung oder Trunkenheit aufkommt. [6]Zwar lesen wir, der Wein sei überhaupt nichts für Mönche*; da man aber die Mönche unserer Zeit davon nicht überzeugen kann, sollten wir uns wenigstens dazu verstehen, nicht bis zur Sättigung zu trinken, sondern weniger; [7]denn *der Wein bringt sogar die Weisen zum Abfall.*

[8]Wo es die Ortsverhältnisse mit sich bringen, daß nicht einmal das oben angegebene Maß aufzubringen ist, sondern viel weniger oder gar nichts, sollen die Brüder, die dort wohnen, Gott preisen und nicht murren. [9]Vor allem mahnen wir dazu, daß man das Murren unterlasse.

40,4: Lohn, vgl. 1 Kor 3,8 | 40,7: Sir 19,2

40,3: Etwa ein Viertelliter.
40,6: Vgl. die Anmerkung zu Kap. 18,25.

DIE ZEITEN FÜR DAS ESSEN

20. März 20. Juli 19. Nov.

41 1Vom heiligen Ostern bis Pfingsten nehmen
die Brüder die Hauptmahlzeit zur sechsten
Stunde und den Imbiß am Abend ein.
2Von Pfingsten an fasten die Brüder während des
ganzen Sommers am Mittwoch und Freitag bis zur
neunten Stunde, wenn sie keine Feldarbeit haben
oder die Sommerhitze nicht zu drückend ist. 3An
den übrigen Tagen nehmen sie die Hauptmahlzeit
zur sechsten Stunde ein. 4Die Hauptmahlzeit wird
zur sechsten Stunde [am Mittwoch und Freitag]
beibehalten, wenn Feldarbeiten zu verrichten sind
oder die Sommerhitze sehr drückend ist. Darüber
entscheidet der Abt. 5Er muß alles so anordnen
und regeln, daß es den Seelen zum Heil dient und
die Brüder ohne Grund zum Murren ihre Arbeit
tun können.
6Vom vierzehnten September bis zum Beginn der
österlichen Bußzeit ist die [einzige] Mahlzeit immer
zur neunten Stunde.
7Während der österlichen Bußzeit bis Ostern ist die
[einzige] Mahlzeit gegen Abend. 8Die Vesper jedoch
werde so gehalten, daß man bei Tisch kein Lampen-
licht braucht, sondern noch bei Tageslicht mit allem
fertig wird. 9Aber auch zu den anderen Jahreszeiten,
gleich ob es einen Abendimbiß gibt [an Nicht-Fast-
tagen] oder nur eine einzige Mahlzeit [an Fasttagen],
setze man die Stunde so früh an, daß alles noch bei
Tageslicht geschehen kann.

DAS STILLSCHWEIGEN NACH DER KOMPLET

42 [1]Die Mönche müssen immer auf das Still- 21. März
schweigen bedacht sein, besonders aber 21. Juli
während der Stunden der Nacht. [2]Deshalb gilt im- 20. Nov.
mer, mag es sich um einen Fasttag oder Nicht-Fasttag handeln, folgende Regelung: [3]An Nicht-Fasttagen setzen sich alle zusammen, sobald man vom Abendimbiß aufgestanden ist, und einer liest die »Unterredungen«* oder die »Lebensbeschreibungen« der Väter oder sonst etwas vor, was die Hörer erbaut, [4]nicht aber den »Heptateuch«* und die Bücher der »Könige«; denn für schwache Gemüter ist es nicht angebracht, diese Schrifttexte zur Abendstunde zu hören; man lese sie aber zu anderen Zeiten.

[5]An Fasttagen dagegen begibt man sich alsbald nach der Vesper und einer kurzen Pause zur Lesung der »Unterredungen«, wie wir es angeordnet haben. [6]Man liest vier oder fünf Blätter oder soviel eben die Zeit erlaubt. [7]Während der Dauer der Lesung kommen alle zusammen, auch wer noch mit einer ihm aufgetragenen Arbeit beschäftigt war. [8]Sind dann alle beisammen, so halten sie die Komplet. Wenn sie aus der Komplet kommen, ist es niemand

---

42,3f: Die »Unterredungen« (und »Einrichtungen«) sind die berühmten, von den Mönchen hochgeschätzten Werke des Abtes Johannes Kassian aus Marseille († um 430). Vgl. RB 73,5. »Heptateuch« heißen die »sieben« ersten Bücher des Alten Testamentes.

mehr erlaubt, mit irgend jemand über irgend etwas
zu reden.
[9]Findet sich einer, der diese Regel des Stillschweigens
übertritt, so verfalle er schwerer Strafe, [10]außer es
sei der Gäste wegen notwendig oder der Abt gebe
jemand einen Auftrag. [11]Aber auch das soll mit
größtem Ernst und würdiger Zurückhaltung ge-
schehen.

VON DENEN, DIE ZUM GOTTESDIENST ODER ZU TISCH ZU SPÄT KOMMEN

22. März
22. Juli
21. Nov.

43 [1]Sobald man zur Stunde des göttlichen
Dienstes das Zeichen hört, lasse man alles
liegen, was man in den Händen hat, und komme in
größter Eile herbei, [2]jedoch mit Ernst, um keinen
Anlaß zur Leichtfertigkeit zu geben.
[3]Man soll also dem Gottesdienst nichts vorziehen.
[4]Wer zur Feier der nächtlichen Vigilien erst nach
dem *Ehre sei dem Vater* des vierundneunzigsten
Psalms kommt, den wir deshalb sehr langsam und
mit Pausen gesungen haben wollen, darf nicht an
seinem Platz im Chor stehen. [5]Er stehe vielmehr als
letzter für sich allein an dem Platz, den der Abt für
solche Nachlässige bestimmt hat, damit er selbst
und alle anderen sie sehen können. [6]Dort bleibt
er, bis er nach Schluß des Gottesdienstes durch
öffentliche Genugtuung Buße getan hat. [7]Daß sie

aber am letzten oder an einem abgesonderten Platz stehen sollen, haben wir deshalb bestimmt, damit sie von allen gesehen werden und sich wenigstens [unter dem Eindruck] der Beschämung bessern. [8]Denn wenn sie außerhalb des Oratoriums bleiben, wird vielleicht manch einer sich wieder hinlegen und schlafen oder sich draußen hinsetzen und seine Zeit verplaudern; dadurch würde dem Bösen Gelegenheit gegeben. [9]Es ist besser, sie gehen hinein, damit sie nicht das Ganze versäumen und sich in Zukunft bessern.

[10]Wer bei den Gebetszeiten untertags zum Gottesdienst nach dem Vers und dem *Ehre sei dem Vater* des ersten Psalms, der nach dem Vers gesungen wird, noch nicht da ist, soll nach der Vorschrift, die wir oben gaben, am letzten Platz stehen; [11]er darf sich nicht erlauben, sich dem Chor der Psalmen singenden Brüder anzuschließen, bis er Genugtuung geleistet hat, es sei denn, der Abt verzeiht und gibt die Erlaubnis. [12]Doch muß der Schuldige auch dann noch dafür Genugtuung leisten.

23. März
23. Juli
22. Nov.

[13]Wer bei Tisch noch nicht vor dem Vers da ist, so daß alle zusammen den Vers und das Gebet sprechen und sich dann alle gemeinsam zu Tisch setzen, [14]der werde bis zu zwei Malen gerügt, wenn er aus Nachlässigkeit oder Schuld nicht rechtzeitig da ist. [15]Wenn er sich danach nicht bessert, darf er nicht mehr am gemeinsamen Tisch teilnehmen, [16]sondern esse allein,

---

43,8: Gelegenheit, vgl. Eph 4,27; 1 Tim 5,14

abgesondert von der Gemeinschaft aller Brüder, und ohne seinen Anteil an Wein, bis er Genugtuung geleistet und sich gebessert hat.

[17]Ebenso verfahre man gegen den, der bei dem Vers nach dem Essen nicht anwesend ist.

[18]Auch darf sich keiner erlauben, vor oder nach der festgesetzten Stunde nach Belieben etwas zu essen oder zu trinken. [19]Wenn aber sich jemand weigert, etwas anzunehmen, das ihm der Obere anbietet, der soll, wenn er zu einer anderen Zeit das, was er früher ausschlug, oder etwas anderes haben möchte, gar nichts bekommen, bis er sich entsprechend gebessert hat.

WIE DIE AUSGESCHLOSSENEN GENUGTUUNG LEISTEN SOLLEN

24. März
24. Juli
23. Nov.

44 [1]Wer für ein schweres Vergehen vom Oratorium und Tisch ausgeschlossen ist, werfe sich zur Zeit, da im Oratorium der Gottesdienst beendet wird, vor der Tür des Oratoriums nieder und bleibe, ohne etwas zu sagen, [2]mit dem Gesicht zur Erde am Boden liegen vor den Füßen aller, die aus dem Oratorium kommen. [3]Das tut er so lang, bis er nach dem Urteil des Abtes Genugtuung geleistet hat.

[4]Wenn er vom Abt gerufen wird, kommt er und wirft sich dem Abt und allen zu Füßen, damit sie

für ihn beten. [5]Wenn der Abt es dann befiehlt, wird er in den Chor aufgenommen oder an den Platz, den der Abt bestimmt. [6]Doch darf er im Oratorium keinen Psalm und keine Lesung noch sonst etwas vortragen ohne neue Erlaubnis des Abtes. [7]Bei allen Gebetszeiten wirft er sich, wenn der Gottesdienst beendet ist, an dem Platz, wo er sich befindet, auf den Boden [8]und leistet so Genugtuung, bis der Abt ihm befiehlt, auch diese Genugtuung zu beenden.

[9]Wer aber für leichte Vergehen nur vom Tisch ausgeschlossen ist, leistet im Oratorium Genugtuung, solang es der Abt befiehlt. [10]Er tut das, bis der Abt den Segen gibt und sagt: »Es genügt«.

VON DENEN, DIE IM ORATORIUM FEHLER MACHEN

45 [1]Wer beim Vortrag eines Psalms, eines Responsoriums, einer Antiphon oder Lesung einen Fehler macht und sich nicht an Ort und Stelle vor allen verdemütigt und Genugtuung leistet, verfällt einer schwereren Strafe. [2]Er wollte ja nicht in Demut gutmachen, was er durch Nachlässigkeit verschuldet hat. [3]Kinder erhalten für ein solches Vergehen Schläge.

25. März
25. Juli
24. Nov.

VON DENEN, DIE SICH SONSTWIE VERFEHLEN

26. März
26. Juli
25. Nov.

46 [1]Wer bei irgendeiner Arbeit in der Küche, im Vorratsraum, beim Tischdienst, in der Bäckerei, im Garten, bei der Ausübung eines Handwerks oder sonstwo einen Fehler macht [2]oder etwas zerbricht oder verliert oder sich irgendwo etwas anderes zuschulden kommen läßt, [3]und nicht unverzüglich kommt und von sich aus vor dem Abt und der Klostergemeinde Genugtuung leistet und seinen Fehler bekennt, [4]verfällt einer schwereren Strafe, wenn der Fehler durch einen anderen bekannt wird.

[5]Handelt es sich aber um eine verborgene Wunde der Seele, so offenbare er sie nur dem Abt – oder den geistlichen Vätern –, der es versteht, eigene und fremde Wunden zu heilen, ohne sie aufzudecken und bekanntzumachen.

DAS ZEICHEN ZUM GOTTESDIENST

27. März
27. Juli
26. Nov.

47 [1]Der Abt sorge dafür, daß die Zeit für den Gottesdienst bei Tag und Nacht angezeigt wird; das tue er entweder selbst oder übertrage die Sorge dafür einem pünktlichen Bruder, damit alles zur richtigen Zeit geschehen kann.

[2]Die Psalmen und Antiphonen werden, beim Abt angefangen, der Reihe nach von denen vorgetra-

gen, die dazu den Auftrag bekommen. [3]Niemand darf sich herausnehmen, vorzusingen oder vorzulesen, wenn er diesen Dienst nicht zur Erbauung der Zuhörer erfüllen kann. [4]Das muß mit Demut, Ernst und Furcht geschehen und im Auftrag des Abtes.

DIE TÄGLICHE HANDARBEIT

48 [1]Müßiggang ist der Feind der Seele. Des- 28. März 28. Juli
halb sollen sich die Brüder zu bestimmten 27. Nov.
Zeiten mit Handarbeit, zu bestimmten Stunden dagegen mit heiliger Lesung beschäftigen.

[2]Wir glauben also, daß durch folgende Ordnung die Zeit für beides geregelt werden kann: [3]Von Ostern bis zum ersten Oktober verrichten die Brüder in der Frühe nach der Prim bis etwa zur vierten Stunde die notwendigen Arbeiten. [4]Von der vierten Stunde bis zur Zeit, da sie die Sext halten, sind sie frei für die Lesung. [5]Wenn sie nach der Sext vom Tisch aufstehen, ruhen sie unter völligem Schweigen auf ihren Betten; falls aber einer für sich lesen will, lese er so, daß er keinen anderen stört. [6]Die Non wird früher gehalten, etwa um die Mitte der achten Stunde. Dann verrichtet man bis zur Vesper die anfallenden Arbeiten.

[7]Wenn die Brüder jedoch wegen der Ortsverhältnisse oder infolge ihrer Armut die Ernte selbst

einbringen müssen, dürfen sie nicht verdrossen sein; [8]denn dann sind sie wirklich Mönche, wenn sie von der Arbeit ihrer Hände leben, wie unsere Väter und die Apostel. [9]Doch muß alles mit Maß geschehen wegen der Kleinmütigen.

29. März 29. Juli [10]Vom ersten Oktober bis zum Beginn der öster-
28. Nov. lichen Bußzeit sind sie bis zum Ende der zweiten Stunde frei für die Lesung. [11]Nach der zweiten Stunde wird die Terz gehalten; dann verrichten alle bis zur Non die ihnen zugewiesene Arbeit. [12]Beim ersten Zeichen zur Non bricht jeder seine Arbeit ab und hält sich bereit, bis das zweite Zeichen ertönt. [13]Nach Tisch sind sie frei für ihre Lesungen oder für die Psalmen.

[14]Während der Tage der österlichen Bußzeit sind die Brüder vom Morgen bis zum Ende der dritten Stunde frei für ihre Lesung und verrichten dann bis zum Ende der zehnten Stunde die ihnen aufgetragene Arbeit. [15]Für diese Tage der österlichen Bußzeit erhält jeder aus der Bibliothek* ein Buch, das er von Anfang bis Ende ganz lesen soll. [16]Diese Bücher werden zu Beginn der österlichen Bußzeit ausgeteilt.

[17]Vor allem muß man unbedingt ein oder zwei ältere Brüder bestimmen, die zur Zeit, in der die Brüder für die Lesung frei sind, im Kloster herum-

---

48,8: Arbeit, vgl. Ps 128,2; 1 Kor 4,12; 2 Thess 3,10–12

48,15: Es ist möglich, doch kaum beweisbar, daß die RB (mit manchen Vätern) unter »Bibliothek« die Hl. Schrift meint, die in *neun* »Bücher« geteilt wurde.

gehen. [18]Sie sollen nachsehen, ob sich nicht etwa ein Bruder findet, der an geistlicher Trägheit leidet und sich dem Müßiggang oder dem Geschwätz überläßt, statt aufmerksam zu lesen, und nicht nur sich selbst schadet, sondern auch andere ablenkt. [19]Falls man – was Gott verhüte – einen solchen fände, werde er einmal und ein zweites Mal zurechtgewiesen; [20]bessert er sich nicht, dann verfällt er der Strafe der Regel und zwar so, daß die anderen Furcht bekommen. [21]Auch darf kein Bruder mit einem anderen Bruder zu einer Zeit verkehren, zu der es nicht gestattet ist.

[22]Auch am Sonntag sollen sich alle der Lesung widmen, mit Ausnahme von denen, die für die verschiedenen Dienste bestimmt sind. 30. März 30. Juli 29. Nov.

[23]Ist aber einer so nachlässig und träge, daß er nicht üben oder lesen will oder dazu nicht imstande ist, so weise man ihm eine Arbeit zu, die er tun soll, damit er nicht untätig ist.

[24]Den Kranken oder schwächlichen Brüdern soll man eine geeignete Arbeit oder Beschäftigung zuweisen, damit sie nicht müßig sind und auch nicht durch die Last der Arbeit erdrückt oder zum Fortgehen veranlaßt werden. [25]Der Abt muß auf ihre Schwäche Rücksicht nehmen.

48,20: Furcht, vgl. 1 Tim 5,20

DIE BEOBACHTUNG DER ÖSTERLICHEN BUSSZEIT

31. März
31. Juli
30. Nov.

49 [1]Eigentlich soll der Mönch die ganze Zeit seines Lebens als österliche Bußzeit verbringen. [2]Da jedoch nur wenige die Kraft dazu haben, mahnen wir, wenigstens während dieser Tage der österlichen Bußzeit sein Leben ganz rein zu bewahren [3]und zugleich alle Nachlässigkeiten der anderen Zeiten während dieser heiligen Tage zu sühnen. [4]Das geschieht dann in angemessener Weise, wenn wir uns vor allen Fehlern hüten, uns dem Gebet mit Tränen, der Lesung, der Zerknirschung des Herzens und der Entsagung hingeben.

[5]Während dieser Tage sollen wir also zu unserer gewöhnlichen Dienstleistung etwas hinzufügen: besondere Gebete, Verzichte beim Essen und Trinken. [6]Ein jeder soll also freiwillig über das ihm bestimmte Maß hinaus *in der Freude, die der Heilige Geist gibt,* Gott etwas als Opfer darbringen, [7]das heißt: Er entziehe seinem Leib etwas an Essen, Trinken, Schlafen, Reden, Scherzen und harre in Freude und Sehnsucht des Geistes dem heiligen Osterfest entgegen.

[8]Was aber jeder als Opfer darbringt, muß er seinem Abt unterbreiten, damit es mit seinem Gebet und seiner Zustimmung geschieht; [9]denn was ohne Erlaubnis des geistlichen Vaters geschieht, gilt als

---

49,6: 1 Thess 1,6

Anmaßung und eitle Ruhmsucht, nicht als Verdienst. [10]Deshalb soll man alles mit dem Willen des Abtes tun.

DIE BRÜDER, DIE WEIT ENTFERNT VOM ORATORIUM ARBEITEN ODER UNTERWEGS SIND

50 [1]Brüder, die sehr weit entfernt bei der Ar- 1. April
beit sind und nicht rechtzeitig zum Orato- 1. Aug.
rium kommen können – [2]das Urteil darüber steht 1. Dez.
dem Abt zu –, [3]sollen den Gottesdienst dort halten, wo sie arbeiten, und sollen aus Ehrfurcht vor Gott die Knie beugen.

[4]Ebenso sollen die Brüder, die auf Reisen geschickt sind, die festgesetzten Gebetsstunden nicht übergehen, sondern sie für sich halten, so gut sie können, und nicht versäumen, den schuldigen Dienst zu leisten.

VON DEN BRÜDERN, DIE SICH NICHT SEHR WEIT ENTFERNEN

51 [1]Ein Bruder, der zu irgendwelcher Besor- 2. April
gung hinausgeschickt und noch am gleichen 2. Aug.
Tag im Kloster zurückerwartet wird, darf sich nicht 2. Dez.
erlauben, draußen zu essen, auch wenn er dringend

von jemand gebeten wird, [2]es sei denn, sein Abt gebe ihm die Erlaubnis. [3]Handelt er anders, so werde er ausgeschlossen.

DAS ORATORIUM DES KLOSTERS

3. April
3. Aug.
3. Dez.

52 [1]Das Oratorium soll sein, was sein Name besagt, und nichts anderes soll dort getan oder aufbewahrt werden. [2]Nach dem Gottesdienst gehen alle in tiefstem Schweigen hinaus; man erweist Gott die schuldige Ehrfurcht. [3]So wird ein Bruder, der etwa allein für sich beten will, nicht durch das rücksichtslose Verhalten eines anderen daran gehindert. [4]Wenn aber zu anderen Zeiten einer etwa still für sich beten will, so trete er einfach ein und bete, nicht mit lauter Stimme, sondern unter Tränen und mit Inbrunst des Herzens. [5]Wer es nicht so halten will, darf, wie gesagt, nach dem Gottesdienst nicht im Oratorium zurückbleiben, damit nicht ein anderer gestört wird.

DIE AUFNAHME DER GÄSTE

4. April
4. Aug.
4. Dez.

53 [1]Alle Gäste, die [zum Kloster] kommen, sollen wie Christus aufgenommen werden; denn er wird einmal sagen: *Ich war Gast, und ihr habt mich aufgenommen.* [2]Allen soll man die Ehre erweisen, die ihnen zukommt, *besonders denen, die mit uns im Glauben verbunden sind,* und den Pilgern.*

[3]Sobald ein Gast gemeldet ist, sollen ihm der Obere und die Brüder in aller dienstbereiten Liebe entgegengehen. [4]Zuerst sollen sie gemeinsam beten, dann sich den Friedenskuß geben. [5]Diesen Friedenskuß gibt man erst, wenn man vorher gebetet hat, um den Täuschungen des Teufels zu entgehen.

[6]Bei der Begrüßung aber erweist man allen Gästen, die ankommen und weggehen, jegliche Demut: [7]Man neigt den Kopf oder wirft sich ganz zur Erde nieder, um in den Gästen Christus zu verehren, den man ja tatsächlich aufnimmt.

[8]Nach der Aufnahme führt man die Gäste zum Gebet; dann setzt sich der Obere zu ihnen oder ein Bruder, den er beauftragt hat. [9]Man liest dem Gast zur Erbauung aus dem göttlichen Gesetz vor. Dann erweise man ihm jegliche Gastfreundschaft. [10]Der Obere darf des Gastes wegen das Fasten

---

53,1: Mt 25,35 | 53,2: Gal 6,10 | 53,9: freundlich, vgl. Apg 28,2

53,2: Benedikt denkt vor allem an Mönche und Kleriker.

brechen, außer es handle sich um einen besonderen Fasttag, der gehalten werden muß. [11]Die Brüder sollen jedoch das übliche Fasten beibehalten. [12]Der Abt reicht den Gästen das Wasser für die Hände. [13]Der Abt und ebenso die ganze Klostergemeinde waschen allen Gästen die Füße. [14]Nach der Fußwaschung spricht man den Vers: *Gott, wir haben deine Barmherzigkeit aufgenommen inmitten deines Tempels.*

[15]Ganz besondere Aufmerksamkeit soll man der Aufnahme von Armen und Pilgern schenken; denn in ihnen wird mehr als in anderen Christus aufgenommen. Die Reichen dagegen sorgen schon durch ihr herrisches Auftreten dafür, daß sie geehrt werden.

5. April 5. Aug. 5. Dez. [16]Abt und Gäste sollen eine eigene Küche haben, damit die Gäste, die zu unbestimmten Zeiten kommen und dem Kloster nie fehlen, die Brüder nicht stören. [17]Diese Küche sollen für ein Jahr zwei Brüder übernehmen, die sich auf diesen Dienst gut verstehen. [18]Wenn es notwendig ist, gibt man ihnen Gehilfen, damit sie ihren Dienst ohne Murren versehen. Haben sie jedoch weniger zu tun, sollen sie dorthin zur Arbeit gehen, wohin man sie schickt. [19]Übrigens gilt nicht nur hier, sondern bei jedem Amt im Kloster der Grundsatz: [20]Wenn jemand Gehilfen braucht, werden sie ihm zugeteilt; wer frei ist, übernimmt gehorsam die Arbeit, die ihm aufgetragen wird.

53,14: Ps 48,10

[21]Was die Gastwohnung betrifft, so werde sie einem Bruder anvertraut, dessen Seele von Gottesfurcht erfüllt ist. [22]Es sollen dort Betten in genügender Zahl bereitgestellt sein. Und das Haus Gottes soll von Weisen und weise verwaltet werden.

[23]Mit den Gästen darf niemand ohne Erlaubnis verkehren und reden. [24]Wer ihnen begegnet oder sie sieht, soll sie, wie schon gesagt, bescheiden grüßen, sie um den Segen bitten und mit dem Bemerken weitergehen, es sei ihm nicht gestattet, mit den Gästen zu reden.

DARF DER MÖNCH BRIEFE ODER SONST ETWAS ANNEHMEN?

54 [1]Es ist den Mönchen durchaus nicht gestattet, von ihren Eltern oder sonst jemand, 6. April 6. Aug. 6. Dez.
noch auch voneinander ohne Erlaubnis des Abtes Briefe, Eulogien [gesegnete Brote] oder sonst kleine Geschenke anzunehmen oder zu geben. [2]Selbst wer von seinen Eltern etwas zugeschickt bekommt, darf sich nicht herausnehmen, es anzunehmen, ohne den Abt vorher zu benachrichtigen. [3]Hat der Abt die Annahme erlaubt, so kann er immer noch verfügen, wem das Geschenk zu geben ist. [4]Der Bruder, dem die Sache zugeschickt wurde, soll dann nicht traurig werden, *damit dem Teufel keine*

Gelegenheit gegeben wird. [5]Wer es wagt, anders zu handeln, verfalle der Strafe, die in der Regel festgesetzt ist.

KLEIDUNG UND SCHUHWERK DER BRÜDER

7. April
7. Aug.
7. Dez.

55 [1]Man gibt den Brüdern Kleider, die der Lage und dem Klima des Wohnorts entsprechen; [2]denn in kalten Gegenden braucht man mehr, in warmen weniger. [3]Es ist also Sache des Abtes, darauf Rücksicht zu nehmen. [4]Nach unserer Ansicht genügen jedoch in einer Gegend mit gemäßigtem Klima für jeden Mönch eine Kukulle und eine Tunika – [5]eine dichtwollige Tunika im Winter, eine leichte oder abgetragene im Sommer –, [6]dazu ein Skapulier für die Arbeit; als Fußbekleidung Schuhe und Sandalen.*

[7]Um die Farbe oder den groben Stoff all dieser Sachen sollen sich die Brüder nicht kümmern; man

---

54,4: Gelegenheit, vgl. Eph 4,27; 1 Tim 5,14

55,4ff: »Schuhe« für den Winter und die Reise, »Sandalen« für den Sommer und die Arbeit. Die »Tunika« ist ein hemdartiger Leibrock, die »Kukulle« eine Art Kapuzenmantel, das »Skapulier« eine Arbeitsschürze. Nachts tragen die Brüder einen schmalen (RB 22,5), unter Tags einen breiten Gürtel (mit Messer, Griffel usw.).

nehme das, was in der betreffenden Gegend zu finden oder was billiger zu beschaffen ist.

[8]Der Abt sorge für das rechte Maß, so daß die Kleider für die, die sie tragen, nicht zu kurz sind, sondern passen.

[9]Wer neue Kleider erhält, gibt die alten immer sofort ab, damit sie in der Kleiderkammer für die Armen aufbewahrt werden. [10]Für den Mönch genügt es ja, zwei Tuniken und zwei Kukullen zu haben – wegen der Nacht, und um die Sachen waschen zu können. [11]Was darüber hinausgeht, ist überflüssig und muß entfernt werden. [12]Auch die Schuhe, überhaupt alles, was alt ist, gibt man ab, wenn man Neues bekommt.

[13]Wer auf Reisen geschickt wird, bekommt aus der Kleiderkammer Hosen, die er nach der Rückkehr gewaschen wieder abgibt. [14]Auch die Kukullen und Tuniken, die man für die Reise aus der Kleiderkammer bekommt und nach der Rückkehr wieder abgibt, sollen etwas besser sein, als man sie gewöhnlich trägt.

[15]Als Bettzeug genügt eine Matte, eine gewöhn- 8. April 8. Aug.
liche Decke und eine Wolldecke und ein Kopfkissen. 8. Dez.
[16]Doch soll der Abt oft nachsehen, ob sich in den Betten kein Sonderbesitz findet. [17]Wenn sich bei einem etwas findet, was er nicht vom Abt erhalten hat, dann treffe ihn eine schwere Strafe. [18]Damit aber dieses Laster des Sonderbesitzes mit der Wurzel ausgerottet wird, soll der Abt alles geben, was man braucht, nämlich: [19]Kukulle, Tunika, Schuhe, Sandalen, Gürtel, Messer, Griffel, Nadel,

Taschentuch, Schreibtafel, so daß keiner vorgeben kann, es habe ihm etwas Notwendiges gefehlt.
[20]Doch muß der Abt immer den Satz der Apostelgeschichte bedenken: *Jedem wurde zugeteilt, was er nötig hatte.* [21]So muß also auch der Abt auf die Schwächen der Bedürftigen Rücksicht nehmen, nicht auf die Mißgunst der Neider. [22]Doch bei allen seinen Entscheidungen soll der Abt an die Vergeltung Gottes denken.

DER TISCH DES ABTES

9. April 9. Aug. 9. Dez.

56 [1]Der Abt soll immer mit den Gästen und Pilgern essen. [2]Sooft aber keine Gäste da sind, steht es ihm frei, von den Brüdern einzuladen, wen er will. [3]Doch soll er der Ordnung halber immer einen oder zwei von den Älteren bei den Brüdern lassen.

DIE HANDWERKER DES KLOSTERS

10. April 10. Aug. 10. Dez.

57 [1]Sind Handwerker im Kloster, so sollen sie in aller Demut ihr Handwerk ausüben, wenn der Abt es erlaubt. [2]Wenn einer von ihnen auf sein

---

55,20: Apg 4,35

handwerkliches Können stolz ist, weil er sich einbildet, dem Kloster zu nützen, [3]dann soll man ihn von diesem Handwerk wegnehmen und ihn erst wieder darin arbeiten lassen, wenn er sich demütigt und der Abt ihn wieder beauftragt.

[4]Ist von den Arbeiten der Handwerker etwas zu verkaufen, dann dürfen sich jene, die den Handel abschließen, keinen Betrug erlauben. [5]Sie sollen immer an Ananias und Saphira denken, damit sie nicht den Tod, der jene am Leib traf, an der Seele erleiden – sie selbst und alle, [6]die mit den Sachen des Klosters unredlich umgehen.

[7]Bei der Festsetzung des Preises darf sich nicht das Laster der Habsucht einschleichen. [8]Man soll im Gegenteil immer etwas billiger verkaufen, als es Weltleute tun können, [9]*damit in allem Gott verherrlicht werde.*

DAS VERFAHREN BEI DER AUFNAHME DER BRÜDER

58 [1]Wenn einer neu ankommt, um Mönch zu 11. April
werden, dann soll ihm der Eintritt nicht ohne 11. Aug. 11. Dez.
weiteres gewährt werden, [2]sondern man halte sich an das Apostelwort: *Prüft, ob die Geister aus Gott sind.*

57,5: Ananias – Saphira, vgl. Apg 5,1–11 | 57,9: 1 Petr 4,11 | 58,2: 1 Joh 4,1

[3]Kommt also einer und klopft beharrlich an, und
zeigt es sich, daß er das ihm zugefügte Unrecht
und die Erschwernis des Eintritts vier oder fünf
Tage lang geduldig erträgt und auf seiner Bitte
besteht, [4]dann gewähre man ihm den Eintritt, und
er soll ein paar Tage in der Wohnung der Gäste
bleiben.
[5]Dann kommt er in die Wohnung der Novizen,
wo sie lernen, essen und schlafen. [6]Man weist ihnen
einen älteren [Bruder] zu, der es versteht, die
Seelen zu gewinnen, und der über sie mit größter
Aufmerksamkeit wacht.
[7]Man achte sorgfältig darauf, ob der Novize wirk-
lich *Gott sucht,* ob er Eifer hat für den Gottes-
dienst, für den Gehorsam, für Verdemütigungen.
[8]Im voraus sage man ihm offen, wie rauh und
schwierig der Weg ist, der zu Gott führt.
[9]Wenn er verspricht, standzuhalten und auszuharren,
soll man ihm nach Verlauf von zwei Monaten diese
ganze Regel vorlesen [10]und ihm sagen: »Das ist das
Gesetz, unter dem du dienen willst. Kannst du es
beobachten, so tritt ein! Kannst du es aber nicht, so
steht es dir frei wegzugehen.« [11]Bleibt er noch fest,
führt man ihn in die oben erwähnte Wohnung der
Novizen zurück und prüft ihn in aller Geduld weiter.
[12]Nach Verlauf von sechs Monaten liest man ihm die

58,3: Luk 11,8 | 58,6: gewinnen, vgl. Mt 18,15; 1 Kor 9,20 | 58,7: Gott sucht, vgl. Ps 14,2; 24,6; 69,7.33; 105,3; Weish 1,1; 13,6; Jes 55,6; Jer 23,19; Apg 17,27 | 58,11: Geduld, vgl. 2 Tim 4,2

Regel wieder vor, damit er weiß, zu was er sich beim Eintritt verpflichtet. [13]Bleibt er auch jetzt noch fest, so liest man ihm nach vier Monaten diese Regel wieder vor.

[14]Und wenn er nach reiflicher Überlegung verspricht, alles zu beobachten und jedem Befehl nachzukommen, dann nimmt man ihn in die Klostergemeinde auf. [15]Doch muß er wissen, daß es ihm von diesem Tag an auch durch das Gesetz der Regel nicht mehr erlaubt ist, das Kloster zu verlassen [16]oder das Joch der Regel von seinem Nacken abzuschütteln, das er während so langer Überlegung ablehnen oder annehmen konnte.

[17]Bei der Aufnahme verspricht er vor allen im Oratorium Beständigkeit, klösterliches Leben und Gehorsam* [18]vor Gott und seinen Heiligen; falls er je anders handelt, soll er wissen, daß er von dem verdammt wird, dessen er spottet. 12. April 12. Aug. 12. Dez.

[19]Über dieses Versprechen stelle er eine Urkunde* auf den Namen der Heiligen aus, deren Reliquien dort sind, sowie auf den des anwesenden Abtes. [20]Diese Urkunde schreibe er eigenhändig; oder wenn

---

58,18: spottet, vgl. Gal 6,7

58,17: Die RB gibt hier keine eigentliche dreigliedrige Profeßformel, sondern faßt den *Inhalt* der Profeß nach Art einer Rubrik in drei Punkten zusammen. Mit »klösterlichem Leben« ist konkret die »Beobachtung der Regel« gemeint (vgl. RB 61,9; 73,1).
58,19ff.29: In der »Bitt-Urkunde« bezeugt der Novize seine freie Bitte um Aufnahme und zugleich das feste Versprechen zum klösterlichen Leben nach der Regel.

er nicht schreiben kann, schreibe sie auf sein Ersuchen hin ein anderer, und der Novize setze sein Zeichen dazu und lege sie eigenhändig auf den Altar.

[21]Sobald er das getan hat, stimmt der Novize diesen Vers an: *Nimm mich auf, o Herr, wie du verheißen hast, und ich werde leben; laß mich nicht in meiner Hoffnung scheitern.* [22]Diesen Vers wiederholt die ganze Klostergemeinde dreimal und fügt das *Ehre sei dem Vater* hinzu. [23]Dann wirft sich der Novize zu den Füßen eines jeden nieder, damit man für ihn bete. Und von diesem Tag an gilt er als Glied der Klostergemeinde.

[24]Wenn er Vermögen hat, soll er es vorher an die Armen verteilen oder es in einer feierlichen Schenkung dem Kloster vermachen, ohne irgend etwas für sich zurückzubehalten. [25]Er weiß ja, daß er von diesem Tag an nicht einmal mehr über seinen Leib verfügen kann.

[26]Man nehme ihm also gleich im Oratorium die eigenen Sachen, die er trägt, ab und bekleide ihn mit den Sachen des Klosters. [27]Die Kleider aber, die man ihm abgenommen hat, sollen in der Kleiderkammer hinterlegt und aufbewahrt werden. [28]Sollte er je einmal der Einflüsterung des Teufels nachgeben und – was Gott verhüte – das Kloster verlassen, dann ziehe man ihm die Sachen des Klosters wieder aus und schicke ihn fort. [29]Die Urkunde jedoch, die der Abt vom Altar weggenommen hat,

---

58,21: Ps 119,116 | 58,25: verfügen, vgl. 1. Kor 7,4

bekommt er nicht zurück, sondern sie wird im Kloster aufbewahrt.

DIE SÖHNE DER VORNEHMEN UND ARMEN, DIE DARGEBRACHT WERDEN

59 [1]Wenn ein Vornehmer seinen Sohn* Gott im Kloster darbringt, und der Knabe ist noch minderjährig, dann sollen seine Eltern die Urkunde ausstellen, von der wir oben gesprochen haben. [2]Sie wickeln diese Urkunde und die Hand des Knaben mitsamt der Opfergabe in das Altartuch* ein und bringen ihn so dar.

13. April
13. Aug.
13. Dez.

[3]Was das Vermögen betrifft, sollen sie in der Urkunde, die sie vorlegen, unter Eid versprechen, daß sie weder selbst noch durch eine Mittelsperson, noch auf irgendeine andere Weise dem Kind jemals etwas schenken, noch die Möglichkeit bieten werden, etwas zu besitzen. [4]Wollen sie das nicht tun, sondern wollen sie dem Kloster als Entschädigung ein Almosen zukommen lassen, [5]dann sollen sie

---

59,1ff: Nach weitverbreiteter altchristlicher Auffassung konnte der Wille der Eltern das Kind rechtsgültig zum »Mönch« machen. Doch nach Basilius d. Gr. († 379) entscheidet das Kind, mündig geworden, selbst (Längere Regeln 15,4).

59,2: Vom »Altartuch«, in das die Opfergaben eingehüllt wurden, sind heute nur noch das Corporale und die Palla, mit der der Kelch bedeckt wird, übriggeblieben.

über ihre Schenkung dem Kloster eine Urkunde ausstellen, wobei sie sich, wenn sie so wollen, die Nutznießung vorbehalten können. [6]Auf diese Weise werden Tür und Tor versperrt, so daß dem Knaben keine Aussicht bleibt, die ihn, wie wir aus Erfahrung wissen, betören und – was Gott verhüte – ins Verderben stürzen könnte.

[7]Ebenso halten es auch die weniger Bemittelten.

[8]Wer aber gar nichts hat, stellt einfach die Urkunde aus und bringt seinen Sohn mit der Opfergabe in Gegenwart von Zeugen dar.

DIE PRIESTER, DIE ETWA IM KLOSTER BLEIBEN WOLLEN

14. April
14. Aug.
14. Dez.

60 [1]Wenn einer aus dem Priesterstand um Aufnahme ins Kloster bittet, soll man ihm nicht zu schnell zusagen. [2]Besteht er jedoch durchaus auf seiner Bitte, so muß er wissen, daß er die Regel in ihrer ganzen Strenge zu halten hat [3]und daß ihm nichts erlassen wird. Es soll gelten, was in der Schrift steht: *Freund, wozu bist du gekommen?* [4]Doch gestatte man ihm, im Chor den Platz gleich nach dem Abt zu haben, den Segen und die Schlußgebete zu sprechen, vorausgesetzt, daß der Abt ihn beauftragt. [5]Andernfalls darf er sich gar nichts herausnehmen, und er muß wissen, daß er der Zucht der

---

60,3: Mt 26,50

Regel unterworfen ist; er gebe vielmehr allen ein Beispiel der Demut. 6Handelt es sich im Kloster um die Besetzung eines Amtes oder sonst eine Angelegenheit, 7so nimmt er den Platz ein, der seinem Eintritt ins Kloster entspricht, nicht den, der ihm aus Ehrfurcht vor dem Priestertum zugestanden wurde.

8Wenn aber Kleriker den gleichen Wunsch äußern, dem Kloster eingegliedert zu werden, weist man ihnen einen mittleren Platz an; 9doch gilt auch für sie, daß sie Beobachtung der Regel und Beständigkeit versprechen.

DIE AUFNAHME FREMDER MÖNCHE

61 1Kommt von weither ein fremder Mönch 15. April
und will als Gast im Kloster bleiben, 2und ist 15. Aug.
er mit der Lebensweise, die er vorfindet, zufrieden, 15. Dez.
bringt auch durch seine Ansprüche keine Verwirrung ins Kloster, 3sondern ist einfach zufrieden mit dem, was er vorfindet, dann nehme man ihn auf, so lang er bleiben will.

4Falls er jedoch bescheiden und liebevoll eine verständige Kritik äußert und auf etwas aufmerksam macht, soll der Abt gut überlegen, ob ihn der Herr nicht gerade deswegen geschickt hat.

5Will er sich aber dann zu beständigem Bleiben verpflichten, so weise man einen solchen Wunsch nicht zurück, um so weniger, als man ja während der Zeit des Gastaufenthaltes sein Leben kennenlernen konnte. [6]Zeigt es sich aber während der Zeit seines Gastaufenthaltes, daß er anspruchsvoll oder voller Fehler ist, so muß man ihm nicht nur die Eingliederung in den klösterlichen Verband verweigern, [7]sondern ihm überdies höflich bedeuten, er möge gehen; sonst könnten durch seinen beklagenswerten Zustand auch noch andere verdorben werden. [8]Gibt sein Verhalten aber keinen Anlaß dazu, ihn fortzuschicken, dann soll man ihn nicht erst auf seine Bitte hin aufnehmen und in die Klostergemeinde eingliedern, [9]sondern ihm ein Verbleiben sogar nahelegen, damit die anderen an seinem Beispiel lernen; [10]zudem dient man ja an allen Orten dem gleichen Herrn als Sklave, dem gleichen König als Soldat.

16. April 16. Aug. 16. Dez. [11]Der Abt darf ihm auch einen etwas höheren Platz anweisen, wenn er ihn für würdig hält. [12]Aber nicht nur einen Mönch, sondern auch einen, der dem oben erwähnten Priester- oder Klerikerstand angehört, kann der Abt an einen höheren Platz stellen als dem Eintritt entspricht, wenn er sieht, daß ihr Leben das verdient.

[13]Doch soll sich der Abt hüten, jemals einen Mönch aus einem anderen bekannten Kloster ohne Einwilligung oder Empfehlungsschreiben des zuständigen Abtes dauernd aufzunehmen; [14]es steht ja geschrieben: *Was du selbst nicht erleiden möchtest, das tu auch keinem anderen an!*

61,14: Mt 7,12; Tob 4,16

DIE PRIESTER DES KLOSTERS

62 [1]Wenn der Abt einen Priester oder Diakon für sich weihen lassen will, dann wähle er aus seinen Mönchen einen aus, der würdig ist, *das Priestertum auszuüben.* 17. April 17. Aug. 17. Dez.

[2]Der Geweihte hüte sich vor Überheblichkeit und Stolz. [3]Er nehme sich nicht heraus, etwas zu tun, was ihm der Abt nicht befohlen hat. Er soll vielmehr wissen, daß er noch weit mehr der Zucht der Regel untersteht. [4]Das Priestertum darf ihm nicht Anlaß sein, den Gehorsam gegen die Regel und die Zucht zu vergessen, vielmehr soll er danach streben, Gott immer näher zu kommen.

[5]Er nimmt immer den Platz ein, der seinem Eintritt ins Kloster entspricht, [6]außer wenn er den Dienst am Altar versieht oder wenn die Wahl der Klostergemeinde und der Wille des Abtes ihn an einen höheren Platz stellen, weil seine Lebensweise es verdient. [7]Er muß jedoch wissen, daß er sich an die Ordnung zu halten hat, die für die Dekane und den Prior bestimmt ist.

[8]Falls er es wagt, anders zu handeln, sehe man in ihm nicht mehr den Priester, sondern den Aufrührer. [9]Wenn er sich trotz öfterer Mahnung nicht bessert, so nehme man auch den Bischof zum Zeugen. [10]Wenn er sich auch dann nicht bessert und die Schuld klar zutage liegt, muß er aus dem Kloster

---

62,1: Sir 45,19

verstoßen werden, [11]freilich nur, wenn er so widerspenstig ist, daß er sich nicht unterordnen noch der Regel gehorchen will.

DIE RANGORDNUNG IN DER KLOSTERGEMEINDE

18. April
18. Aug.
18. Dez.

63 [1]Die Brüder sollen im Kloster ihre Rangordnung so einhalten, wie sie durch die Zeit des Eintritts und durch verdienstvolles Leben bestimmt und wie sie vom Abt festgelegt wird.
[2]Der Abt darf die ihm anvertraute Herde nicht in Verwirrung bringen und keine ungerechte Verfügung treffen, als besäße er uneingeschränkte Gewalt. [3]Er muß vielmehr immer bedenken, daß er vor Gott über alle Entscheidungen und Handlungen Rechenschaft ablegen muß.
[4]In der Rangfolge also, die er festsetzt oder die den Brüdern von selbst zukommt, gehen sie zum Friedenskuß, zur Kommunion, zum Psalmenvortrag, und stehen sie an ihren Plätzen im Chor. [5]Und nirgendwo darf das natürliche Alter die Rangordnung bestimmen oder beeinflussen. [6]Haben doch Samuel und Daniel, obgleich sie noch jung waren, über Alte Gericht gehalten. [7]Von denen also abgesehen,

---

63,6: Samuel – Daniel, vgl. 1 Sam 3,11–18; Dan 13,44–62

denen der Abt, wie wir sagten, nach reiflicher
Überlegung und aus bestimmten Gründen einen
höheren oder niedrigeren Platz zuweist, nehmen
alle anderen den Platz ein, der ihrem Eintritt ent-
spricht.
8Wer zum Beispiel zur zweiten Stunde des
Tages ins Kloster kommt, muß wissen, daß er
jünger ist als einer, der zur ersten Stunde des Tages
kam, welches Alter und welche Würde* er auch
haben mag.
9Den Knaben gegenüber bleibt allen
das Recht gewahrt, immer und überall auf Zucht
und Ordnung zu dringen.
10Die jüngeren Brüder sollen die älteren ehren, die 19. April 19. Aug.
älteren die jüngeren lieben. 19. Dez.
11Wenn einer den ande-
ren beim Namen ruft, darf er ihn nicht mit dem
bloßen Namen anreden;
12vielmehr sollen die älteren
Brüder die jüngeren »Bruder«, die jüngeren die
älteren »Nonnus« nennen, was »ehrwürdiger Vater«
bedeutet.
13Der Abt wird »Herr« und »Abt« genannt, weil der
Glaube in ihm den Stellvertreter Christi sieht. Das
maßt er sich nicht an; vielmehr ehrt und liebt man
Christus in ihm.
14Er muß aber daran denken und sich
so verhalten, daß er solcher Ehre würdig ist.
15Sooft sich die Brüder begegnen, bittet der jüngere
den älteren um den Segen.
16Wenn ein Oberer vor-
übergeht, steht der Untergebene auf und bietet
den Platz zum Sitzen an. Der jüngere Bruder darf

63,16: steht – auf, vgl. Lev 19,32

63,8: Die RB denkt vor allem an die klerikale Würde.

sich nicht erlauben, sich neben den älteren zu setzen, ehe ihn dieser dazu aufgefordert hat. [17]So handelt man nach dem Schriftwort: *Übertrefft einander in gegenseitiger Achtung!*
[18]Die kleinen und heranwachsenden Knaben halten im Oratorium und bei Tisch in Zucht ihre Rangordnung ein. [19]Draußen aber und überall, wo sie sind, stehen sie unter Aufsicht und Zucht, bis sie zum verständigen Alter gelangen.

DIE EINSETZUNG DES ABTES

20. April
20. Aug.
20. Dez.

64 [1]Bei der Einsetzung des Abtes gelte immer der Grundsatz, daß der bestellt wird, den sich die ganze Klostergemeinde einmütig, in der Furcht Gottes, oder ein auch noch so kleiner Teil der Klostergemeinde nach besserer Einsicht* wählt. [2]Man soll aber den wählen und einsetzen, der verdienstvolles Leben und Lehrweisheit verbindet, wenn er auch in der Rangordnung der Klostergemeinde der Letzte wäre.

63,17: Röm 12,10 | 64,1: sich – wählt, vgl. Ps 33,12; 132,13; 135,4 | 64,2: Lehrweisheit, vgl. Spr 1,7; 24,14; Sir 23,2; 50,29

64,1: *Wie* sich die »bessere Einsicht« des »noch so kleinen Teils« durchsetzt, sagt Benedikt nicht. Er ist vielleicht überzeugt, daß sich die »bessere Einsicht« unter der Leitung des Hl. Geistes von selbst durchsetzen wird. Manche meinen, daß der Diözesanbischof immer entscheidend eingreift.

3Wählt nun aber die ganze Klostergemeinde – was
Gott verhüte – durch einhelligen Beschluß einen
Mann, der mit ihren Fehlern einverstanden ist, 4und
kämen diese schlimmen Zustände dem Bischof, zu
dessen Sprengel jener Ort gehört, oder den Äbten
und Christen der Nachbarschaft nur ein ganz klein
wenig zur Kenntnis, 5dann sollen sie verhindern, daß
sich der Beschluß der Bösen durchsetzt, und dem
Haus Gottes einen würdigen Verwalter bestellen.
6Sie seien überzeugt, daß sie dafür einen guten Lohn
empfangen werden, wenn sie es in reiner Absicht und
aus Eifer für Gott tun, wie sie anderseits eine Sünde
begehen, wenn sie es unterlassen.

7Der eingesetzte Abt bedenke immer, welche Last er 21. April
übernommen hat und wem er über seine *Verwaltung* 21. Aug.
Rechenschaft ablegen muß. 8Er soll wissen, daß er 21. Dez.
mehr zum Helfen als zum Befehlen da ist.

9Er muß sich also im göttlichen Gesetz auskennen,
damit er das nötige Wissen hat, um daraus *Neues
und Altes hervorzuholen.* Er muß keusch [selbstlos],
nüchtern, barmherzig sein. 10Und immer *soll er lieber
Erbarmen walten lassen als strenges Gericht,* damit
ihm selbst das gleiche zuteil werde.

11Er hasse das Böse und liebe die Brüder. 12Muß er
zurechtweisen, handle er klug und gehe nie zu weit,
damit das Gefäß nicht zerbricht, wenn er es allzu

64,5: Verwalter, vgl. Ps 105,21; Lk 12,42 | 64,7: Rechenschaft, vgl. Lk 16,2 | 64,9: Mt 13,52 nüchtern, vgl. 1 Tim 3,2; 2 Tim 4,5; Tit 1,8 barmherzig, vgl. Mt 5,7 | 64,10: Jak 2,13

sauber vom Rost reinigen will. [13]Er schaue immer mit Mißtrauen auf seine eigene Gebrechlichkeit und denke daran, daß man *das geknickte Rohr nicht vollends zerbrechen darf.* [14]Damit wollen wir nicht sagen, er dürfe Fehler wuchern lassen. Im Gegenteil: Er rotte sie, wie wir schon sagten, klug und liebevoll aus, wie er es für jeden zuträglich hält. [15]Und er suche mehr geliebt als gefürchtet zu werden.

[16]Er sei *nicht aufgeregt* und überängstlich, nicht maßlos und eigensinnig; nicht eifersüchtig und nicht zu argwöhnisch, sonst kommt er ja nie zur Ruhe. [17]Bei seinen Befehlen sei er umsichtig und überlegt; und mag der Auftrag, den er gibt, Göttliches oder Weltliches betreffen: Immer wisse er zu unterscheiden und Maß zu halten, [18]eingedenk der weisen Mäßigung* des heiligen Jakob, der sagte: *Wenn ich* meine *Herden auf dem Marsch überanstrenge, gehen sie alle an einem einzigen Tag zugrunde.*

[19]Er achte auf diese und andere Schriftworte von der weisen Mäßigung*, der Mutter der Tugenden, und ordne alles so maßvoll an, daß die Starken angezogen und die Schwachen nicht abgeschreckt werden.

[20]Vor allem muß er diese vorliegende Regel in allen Punkten beobachten, [21]damit er nach guter Verwal-

---

64,13: Jes 42,3; Mt 12,20 | 64,16: Jes 42,3 | 64,18: Gen 33,13

64,17ff: Nach der Auffassung Benedikts ist die »weise Mäßigung«, Discretio, Unterscheidungsgabe, Klugheit die grundsätzliche äbtliche Tugend. Sie ermöglicht es dem Abt, den konkreten Willen Gottes (vgl. RB 3,3) festzustellen.

tung aus dem Mund des Herrn das Wort hört, das zum guten Knecht gesagt wurde, der seinen Mitknechten den Weizen zur rechten Zeit zugeteilt hat: [22]*Amen, ich sage euch,* heißt es, *er wird ihn zum Verwalter seines ganzen Vermögens machen.*

DER PRIOR DES KLOSTERS

65 [1]Es kommt öfters vor, daß die Einsetzung des Priors* in den Klöstern zu schweren Konflikten führt; [2]denn es gibt Leute, die sich, vom bösen Geist des Stolzes aufgebläht, einbilden, sie seien zweite Äbte. Sie maßen sich willkürliche Macht an, schüren Konflikte und stiften Zwietracht in den Klostergemeinden. [3]Das kommt besonders dort vor, wo der gleiche Bischof oder die gleichen Äbte, die den Abt einsetzen, auch den Prior einsetzen. [4]Wie unsinnig das ist, sieht man leicht ein; denn gleich vom ersten Tag an, da der Prior eingesetzt ist, wird ihm Anlaß zum Stolz gegeben. [5]Seine Gedanken

22. April
22. Aug.
22. Dez.

64,21: gute Knechte, vgl. Mt 24,45; 25,21; 1 Tim 3,13 | 64,22: Mt 24,47

65,1: Die RB spricht vom Praepositus (davon »Propst«), d. h. der »Vorgesetzte«, Vorstand. Seit dem 10. Jahrhundert kam die Bedeutung »Prior« (Stellvertreter des Abtes) auf. Die RB bevorzugt das »dekanale« System (65,12; 21). In der Folgezeit setzte sich jedoch der »Prior« durch.

flüstern ihm ein, er sei der Gewalt seines Abtes entzogen; [6]sie sagen zu ihm: »Du bist ja von denselben eingesetzt, die den Abt eingesetzt haben.« [7]Daraus entstehen Neid, Streitereien, Verleumdungen, Eifersüchteleien, Zwietracht und Unordnung. [8]Denn wenn Abt und Prior gegensätzlicher Meinung sind, bringt dieser Zwiespalt notwendig ihre eigene Seele in Gefahr, [9]und auch ihre Untergebenen stürzen ins Verderben, wenn sie den Parteien schmeicheln. [10]Die Verantwortung für diesen gefährlichen Mißstand trifft in erster Linie jene, die eine solche Unordnung verursacht haben.

23. April 23. Aug. 23. Dez. [11]Wir halten es deshalb zur Sicherung des Friedens und der Liebe für besser, daß der Abt die Ämter in seinem Kloster nach freiem Ermessen besetzt. [12]Wie wir schon früher bestimmten, sollen womöglich für alle Geschäfte des Klosters nach der Anordnung des Abtes die Dekane zuständig sein. [13]Auf diese Weise kann ein einzelner nicht stolz werden, da ja mehrere beauftragt werden. [14]Wenn die örtlichen Verhältnisse es erfordern oder die Klostergemeinde mit guten Gründen und demütig darum bittet, und wenn der Abt es für gut befindet, bestellt der Abt selbst den zum Prior, [15]den er mit dem Rat gottesfürchtiger Brüder dazu ersehen hat.

[16]Der Prior soll aber in Ehrfurcht das ausführen, was ihm sein Abt aufträgt, und er soll nichts gegen den Willen oder die Anordnung des Abtes tun; [17]denn je

---

65,7: Streitereien, vgl. 2 Kor 12,20; Gal 5,20–21

höher er über den anderen steht, desto gewissenhafter muß er die Vorschriften der Regel beobachten.

18Wenn es sich herausstellt, daß der Prior voller Fehler ist, wenn er stolz und überheblich wird oder sich als Verächter der Heiligen Regel erweist, dann werde er bis zu vier Malen zurechtgewiesen. 19Bessert er sich nicht, so trifft ihn die in der Regel vorgesehene Strafe. 20Geht er auch jetzt nicht in sich, dann wird er seines Amtes als Prior enthoben, und ein anderer, der würdig ist, wird an seine Stelle gesetzt. 21Wenn er auch nachher in der Klostergemeinde nicht ruhig und gehorsam ist, so werde er sogar aus dem Kloster fortgeschickt. 22Doch soll der Abt bedenken, daß er über alle seine Entscheidungen vor Gott Rechenschaft ablegen muß; sonst könnte in seiner Seele die Flamme des Neides und der Eifersucht brennen.

DIE PFÖRTNER DES KLOSTERS

66 1An der Pforte des Klosters stellt man einen weisen älteren Bruder, der Bescheid zu empfangen und zu geben weiß und den die Reife seines Charakters vor dem Herumschweifen* bewahrt.

24. April
24. Aug.
24. Dez.

66,1: Beste RB-Handschriften haben für »Herumschweifen« den Ausdruck »müßig sein«. Der Zusammenhang entscheidet klar für »Herumschweifen«.

[2]Der Pförtner soll seine Zelle neben der Pforte haben, damit die Besucher ihn immer dort antreffen und Auskunft erhalten. [3]Sobald jemand klopft oder sich ein Armer meldet, antworte er: »Gott sei Dank« oder »Segne mich«. [4]In aller Freundlichkeit, wie sie ihm die Gottesfurcht eingibt, und beseelt vom Eifer der Liebe, gebe er sogleich Auskunft. [5]Braucht der Pförtner einen Gehilfen, so erhält er einen jüngeren Bruder.

[6]Das Kloster soll womöglich so angelegt sein, daß sich alles Notwendige innerhalb der Klostermauern befindet, nämlich Wasser, Mühle, Garten und die verschiedenen Werkstätten, in denen gearbeitet wird. [7]So brauchen die Mönche nicht draußen herumlaufen, was ihren Seelen ja durchaus nicht zuträglich wäre.

[8]Wir wollen, daß diese Regel öfters in der Klostergemeinde vorgelesen wird, damit sich kein Bruder mit Unkenntnis entschuldigen kann.

BRÜDER AUF REISEN

25. April
25. Aug.
25. Dez.

67 [1]Die Brüder, die auf Reisen geschickt werden, sollen sich dem Gebet aller Brüder und des Abtes empfehlen. [2]Beim letzten Gebet des Gottesdienstes gedenkt man immer aller Abwesenden.

[3]Von der Reise zurückgekehrt, werfen sich die Brüder am Tag der Rückkehr bei der jeweils nächsten

pflichtmäßigen Gebetszeit am Schluß des Gottesdienstes im Oratorium auf den Boden nieder [4]und bitten alle um das Gebet wegen der Fehler, die sie vielleicht auf der Reise begangen haben; denn es kann sein, daß sie etwas Böses gesehen und gehört oder durch unnützes Reden gesündigt haben. [5]Keiner darf sich erlauben, einem anderen alles zu berichten, was er außerhalb des Klosters gesehen oder gehört hat; denn das richtet großen Schaden an.
[6]Wer es aber zu tun wagt, verfällt der Strafe der Regel. [7]Das gleiche gilt von dem, der eigenmächtig den klösterlichen Bezirk verläßt, um irgendwohin zu gehen oder irgend etwas noch so Geringfügiges ohne Erlaubnis des Abtes zu tun.

WENN EINEM BRUDER UNMÖGLICHES AUFGETRAGEN WIRD

68 [1]Wird einem Bruder etwa Schweres oder Unmögliches* aufgetragen, so nehme er den Befehl des Vorgesetzten gelassen und gehorsam an. [2]Wenn er aber sieht, daß die auferlegte Last das Maß

26. April
26. Aug.
26. Dez.

67,4: unnützes Reden, vgl. Mt 12,36

68,1: Die RB spricht hier nicht vom sogenannten »Gewissensfall«, sondern vom äbtlichen Auftrag, dem der Mönch nach seinem subjektiven Urteil, das ihm die RB über Kap. 5 hinaus hier einräumt, irgendwie nicht gewachsen zu sein meint.

seiner Kräfte durchaus übersteigt, dann soll er dem Oberen geduldig und geschickt darlegen, warum er den Auftrag nicht ausführen kann, [3]nicht stolz oder trotzig oder in offenem Widerspruch. [4]Bleibt es nach seiner Darlegung beim Entscheid und Befehl seines Vorgesetzten, so wisse der Untergebene, daß es so für ihn gut ist, [5]und er gehorche aus Liebe, im Vertrauen auf die Hilfe Gottes.

KEINER MASSE SICH IM KLOSTER DIE VERTEIDIGUNG EINES ANDEREN AN

27. April
27. Aug.
27. Dez.

69 [1]Man sorge vor, daß sich im Kloster keiner erlaubt, aus irgendeinem Grund einen anderen zu verteidigen oder sich gleichsam als dessen Vormund aufzuspielen, [2]auch wenn beide noch so eng durch Blutsverwandtschaft verbunden sind. [3]Auf keinen Fall darf sich ein Mönch so etwas erlauben; denn es kann Anlaß zu sehr schweren Konflikten sein. [4]Wenn einer diese Vorschrift übertritt, werde er besonders streng bestraft.

Basilius d. Gr. dagegen redet, sich auf Apg 5,29 berufend, öfters vom eigentlichen »Gewissensfall« (Kürzere Regeln 114; 303 u. ö.). Der Abt der RB gibt keinen in sich »unmöglichen«, d. h. das Gewissen belastenden Auftrag. Vgl. Anmerkung zu RB 64,17ff.

KEINER MASSE SICH AN, EINEN ANDEREN EIGENMÄCHTIG ZU SCHLAGEN

70 [1]Im Kloster soll jeder Gelegenheit zu eigen- 28. April
mächtigem Handeln vorgebeugt werden. 28. Aug.
[2]Deshalb bestimmen wir, daß es niemand erlaubt 28. Dez.
sein soll, einen seiner Brüder auszuschließen oder zu schlagen, außer der Abt hätte ihn dazu ermächtigt. [3]*Wer sich dagegen verfehlt, werde in Gegenwart aller zurechtgewiesen, damit die anderen sich fürchten.* [4]Knaben bis zu fünfzehn Jahren sollen von allen gewissenhaft in Zucht gehalten und beaufsichtigt werden. [5]Doch soll auch das maßvoll und vernünftig geschehen.

[6]Wer sich aber ohne Erlaubnis des Abtes irgend etwas gegen einen Erwachsenen herausnimmt oder sich gegen Kinder unbeherrscht zum Zorn hinreißen läßt, verfällt der Strafe der Regel; [7]denn es heißt in der Schrift: *Was du nicht selbst erleiden möchtest, das tu auch keinem anderen an!*

DER GEGENSEITIGE GEHORSAM DER BRÜDER

71 [1]Das Gut des Gehorsams sollen alle nicht nur 29. April
dem Abt erweisen, sondern die Brüder sollen 29. Aug.
sich auch gegenseitig gehorchen, [2]in der Überzeugung 29. Dez.

70,3: 1 Tim 5,20 | 70,7: Mt 7,12; Tob 4,16

daß sie auf diesem Weg des Gehorsams zu Gott gelangen.
[3]Ein Befehl des Abtes oder des von ihm eingesetzten Priors muß immer den Vorrang haben, und wir
gestatten nicht, daß private Befehle vorgehen; [4]im
übrigen aber sollen alle jüngeren Brüder den älteren
in aller Liebe und Bereitwilligkeit gehorchen. [5]Erweist sich einer als streitsüchtig, so werde er zurechtgewiesen.
[6]Wenn aber ein Bruder vom Abt oder von irgendeinem Älteren aus einem noch so geringfügigen
Grund irgendwie zurechtgewiesen wird [7]oder spürt,
daß irgendein Älterer im Herzen gegen ihn leicht
erzürnt oder auch nur ein wenig aufgebracht ist,
[8]so werfe er sich sogleich ohne Zögern auf den Boden
nieder, bleibe zu seinen Füßen liegen und leiste so
lang Genugtuung, bis sich die Erregung durch den
Segensspruch gelegt hat. [9]Wer sich aus Verachtung
weigert, das zu tun, werde körperlich gezüchtig oder,
wenn er widerspenstig ist, aus dem Kloster gestoßen.

71,5: streitsüchtig, vgl. 1 Kor 11,16

DER GUTE EIFER, DEN DIE MÖNCHE HABEN SOLLEN

72 [1]Wie es einen bösen und bitteren Eifer gibt, der von Gott trennt und zur Hölle führt, [2]so gibt es auch einen guten Eifer, der von der Sünde trennt und zu Gott und zum ewigen Leben führt. 30. April 30. Aug. 30. Dez.

[3]Das ist der Eifer, den die Mönche in glühender Liebe betätigen sollen: [4]*Sie sollen einander in Ehrerbietung zuvorkommen.* [5]Sie sollen ihre leiblichen und charakterlichen Schwächen in großer Geduld ertragen. [6]Sie sollen sich im gegenseitigen Gehorsam überbieten. [7]Keiner soll den eigenen Vorteil suchen, sondern mehr den des anderen. [8]Sie sollen selbstlos die brüderliche Liebe erweisen.

[9]Gott sollen sie in Liebe fürchten.

[10]Ihrem Abt seien sie in aufrichtiger und demütiger Liebe zugetan.

[11]Christus sollen sie gar nichts vorziehen, [12]der uns alle zusammen zum ewigen Leben führen möge.

72,1–2: Hölle – Leben, vgl. Mt 7,13–14 | 72,1: Eifer, vgl. Jak 3,14 | 72,4: Röm 12,10 | 72,7: Vorteil, vgl. 1 Kor 10,24.33; Phil 2,4 | 72,8: brüderliche Liebe, vgl. Röm 12,10; 1 Thess 4,9; Hebr 13,1; 1 Petr 1,22 | 72,9: Liebe, vgl. 1 Petr 2,17

DAVON, DASS IN DIESER REGEL NICHT DIE BEOBACHTUNG DER VOLLEN GERECHTIGKEIT VORGESCHRIEBEN IST

1. Mai
31. Aug.
31. Dez.

73 [1]Wenn wir übrigens diese Regel geschrieben haben, so deshalb, damit wir durch ihre Beobachtung in den Klöstern ein klein wenig eine gewisse [dem Mönchsstand geziemende] Anständigkeit und Tugend und einen Anfang im klösterlichen Leben beweisen.

[2]Wer aber im klösterlichen Leben rasch zur Vollkommenheit gelangen will, der hat die Unterweisungen der heiligen Väter, deren Beobachtung den Menschen bis zu den Höhen der Vollkommenheit führt. [3]Ist denn nicht jede Seite und jedes von Gott beglaubigte Wort des Alten und Neuen Testamentes eine ganz gerade Richtschnur für das menschliche Leben? [4]Oder welches Buch der heiligen katholischen Väter redet nicht laut davon, wie wir in geradem Lauf zu unserem Schöpfer kommen? [5]Aber auch die »Unterredungen« der Väter, ihre »Einrichtungen«* und ihre »Lebensbeschreibungen« sowie die »Regel« unseres heiligen Vaters Basilius [6]sind doch nichts anderes als Werkzeuge der Tugenden für Mönche, die recht leben und gehorsam sind. [7]Wir aber, die wir träge sind, nicht recht leben und nachlässig sind, müssen vor Scham erröten.

---

73 Tit: Gerechtigkeit, vgl. Mt 3,15

73,5: Zu den »Einrichtungen« vgl. die Anmerkung zu RB 42,3.

8Du also, wer immer du bist, der du zum himmlischen Vaterland eilst, befolge mit der Hilfe Christi diese ganz kleine Regel für Anfänger, die wir geschrieben haben; 9und dann erst wirst du zu den erhabeneren Höhen der Lehre und Tugenden, die wir oben erwähnten, mit dem Beistand Gottes kommen. Amen.

[Schließt die Regel]

73,8: Vaterland, vgl. Hebr 4,11; 11,14–15

KAPITELVERZEICHNIS

Diese Kapitelüberschriften finden sich in den RB-Handschriften zwischen Vorwort und Kapitel 1. Ihr Text weicht bisweilen von den Überschriften innerhalb der Regel ab.

AUFBAUPLAN DER REGEL

Das *Vorwort* (Vw), das nach besten Handschriften in *kurzem* (1–39) und *langem* Text (1–50) vorliegt, ist eine *Mahnrede*, die in grundlegende Gedanken und Forderungen der Regel einführt und für den gehorsamen Dienst in der klösterlichen Gemeinschaft wirbt.

SACHVERZEICHNIS

Die Zahlen beziehen sich auf Kapitel und Vers; Vw = Vorwort

INHALT